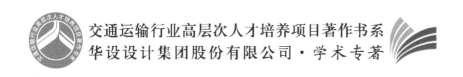

交通运输行业高层次人才培养项目著作书系
华设设计集团股份有限公司·学术专著

公路涉路行为安全评价技术

张健康　韩　新　朱卫国　编著

人民交通出版社

北京

内 容 提 要

本书是中国公路建设领域涉路行为安全评价的专业指南，编写组成员长期从事道路安全评价技术研究与实践的工作，系统地研究和总结了涉路行为评价的知识和方法，本书旨在推进评价工作的规范化和程序化。全书共分九个章节，重点介绍了公路涉路行为分类、评价单元划分、安全影响分析、报告编制要求以及不同类型涉路行为的技术研究等内容。书中精选了一些典型案例进行分析，帮助读者理解和掌握实践应用。

本书可供公路管理机构、设计单位、施工单位以及涉路工程申请人员参考使用。

图书在版编目（CIP）数据

公路涉路行为安全评价技术／张健康，韩新，朱卫国编著. —北京：人民交通出版社股份有限公司，2024.4

ISBN 978-7-114-19442-9

Ⅰ.①公… Ⅱ.①张… ②韩… ③朱… Ⅲ.①道路工程—安全评价 Ⅳ.①U415.12

中国国家版本馆 CIP 数据核字（2024）第 054943 号

Gonglu Shelu Xingwei Anquan Pingjia Jishu

书　名	公路涉路行为安全评价技术
著 作 者	张健康　韩　新　朱卫国
责任编辑	潘艳霞
责任校对	赵媛媛　魏佳宁
责任印制	刘高彤
出版发行	人民交通出版社
地　　址	（100011）北京市朝阳区安定门外外馆斜街 3 号
网　　址	http://www.ccpcl.com.cn
销售电话	（010）59757973
总 经 销	人民交通出版社发行部
经　　销	各地新华书店
印　　刷	北京虎彩文化传播有限公司
开　　本	787×1092　1/16
印　　张	13.5
字　　数	262 千
版　　次	2024 年 4 月　第 1 版
印　　次	2024 年 4 月　第 1 次印刷
书　　号	ISBN 978-7-114-19442-9
定　　价	80.00 元

（有印刷、装订质量问题的图书，由本社负责调换）

交通运输行业
高层次人才培养项目著作书系

编审委员会

主　任：杨传堂

副主任：戴东昌　周海涛　徐　光　王金付
　　　　陈瑞生(常务)

委　员：李良生　李作敏　韩　敏　王先进
　　　　石宝林　关昌余　沙爱民　吴　澎
　　　　杨万枫　张劲泉　张喜刚　郑健龙
　　　　唐伯明　蒋树屏　潘新祥　魏庆朝
　　　　孙　海

书系前言

进入21世纪以来,党中央、国务院高度重视人才工作,提出人才资源是第一资源的战略思想,先后两次召开全国人才工作会议,围绕人才强国战略实施做出一系列重大决策部署。党的十八大着眼于全面建成小康社会的奋斗目标,提出要进一步深入实践人才强国战略,加快推动我国由人才大国迈向人才强国,将人才工作作为"全面提高党的建设科学化水平"八项任务之一。十八届三中全会强调指出,全面深化改革,需要有力的组织保证和人才支撑。要建立集聚人才体制机制,择天下英才而用之。这些都充分体现了党中央、国务院对人才工作的高度重视,为人才成长发展进一步营造出良好的政策和舆论环境,极大激发了人才干事创业的积极性。

国以才立,业以才兴。面对风云变幻的国际形势,综合国力竞争日趋激烈,我国在全面建成社会主义小康社会的历史进程中机遇和挑战并存,人才作为第一资源的特征和作用日益凸显。只有深入实施人才强国战略,确立国家人才竞争优势,充分发挥人才对国民经济和社会发展的重要支撑作用,才能在国际形势、国内条件深刻变化中赢得主动、赢得优势、赢得未来。

近年来,交通运输行业深入贯彻落实人才强交战略,围绕建设综合交通、智慧交通、绿色交通、平安交通的战略部署和中心任务,加大人才发展体制机制改革与政策创新力度,行业人才工作不断取得新进展,逐步形成了一支专业结构日趋合理、整体素质基本适应的人才队伍,为交通运输事业全面、协调、可持续发展提供了有力的人才保障与智力支持。

"交通青年科技英才"是交通运输行业优秀青年科技人才的代表群体,培养选拔"交通青年科技英才"是交通运输行业实施人才强交战略的"品牌工程"之一,1999年至今已培养选拔282人。他们活跃在科研、生产、教学一线,奋发有为、锐意进取,取得了突出业绩,创造了显著效益,形成了一系列较高水平的科研成果。为加大行业高层次人才培养力度,"十二五"期间,交通运输部设立人才培养专项经费,重点资助包含"交通青年科技英才"在内的高层次人才。

人民交通出版社以服务交通运输行业改革创新、促进交通科技成果推广应用、支持交通行业高端人才发展为目的,配合人才强交战略设立"交通运输行业高层次人才培养项目著作书系"(以下简称"著作书系")。该书系面向包括"交通青年科技英才"在内的交通运输行业高层次人才,旨在为行业人才培养搭建一个学术交流、成果展示和技术积累的平台,是推动加强交通运输人才队伍建设的重要载体,在推动科技创新、技术交流、加强高层次人才培养力度等方面均将起到积极作用。凡在"交通青年科技英才培养项目"和"交通运输部新世纪十百千人才培养项目"申请中获得资助的出版项目,均可列入"著作书系"。对于虽然未列入培养项目,但同样能代表行业水平的著作,经申请、评审后,也可酌情纳入"著作书系"。

高层次人才是创新驱动的核心要素,创新驱动是推动科学发展的不懈动力。希望"著作书系"能够充分发挥服务行业、服务社会、服务国家的积极作用,助力科技创新步伐,促进行业高层次人才特别是中青年人才健康快速成长,为建设综合交通、智慧交通、绿色交通、平安交通做出不懈努力和突出贡献。

交通运输行业高层次人才培养项目
著作书系编审委员会
2014年3月

本书编写组

主　　编：张健康

副 主 编：韩　新　朱卫国

参编人员：姜　涛　肖　军　王　芳　马力雄
　　　　　孙　信　谢以顺　方海东　张礼响
　　　　　赵旭东　张　雷　苏明亮　毕　蕊
　　　　　姚自俊

作者简介

张健康

　　研究员级高级工程师,硕士研究生,国家注册土木工程师(道路)、注册公路造价工程师、注册咨询工程师(投资),现任华设设计集团副总裁、总工程师,南京市勘察设计行业协会副理事长、中国工程咨询协会专家库成员、江苏省综合交通运输学会专家委员会公路组委员、第一届江苏省优秀工程勘察设计师、江苏省勘察设计行业专家库成员,东南大学博士生校外导师、河海大学硕士研究生校外导师。擅长高速公路、干线公路、市政道路等勘察设计咨询工作,获国家及省部级奖项20余项。

韩新

研究员级高级工程师,硕士研究生,现任华设设计集团勘测事业部总经理,江苏省优秀工程勘察设计师,交通运输部交通运输青年科技英才,河海大学、南京工业大学硕士研究生校外导师。长期从事交通运输规划、道桥勘察设计以及相关专题研究工作,参与国家及省级重点高速公路工程勘察设计30余项,参与多项道路工程设计及多领域数字化交叉融合课题研究,获得国家级及省部级奖项20余项。

朱卫国

正高级工程师,江苏省优秀工程勘察设计师,注册道路工程师、公路水运工程试验检测师(桥隧)。长期从事工程设计、检测和研究工作,内容涵盖道路桥梁、安全评估和检测维修等工作。在学术期刊上发表论文10余篇,参编论著4部、标准规范5项,获得省部级勘察设计优秀奖6项、科技奖2项。

前　言

自国民经济和社会发展第十一个五年规划("十一五"规划)实施以来,我国公路网建设取得了举世瞩目的成就,为经济社会发展提供了坚实的交通基础。随着公路网的日益密集,涉路行为,即在已有公路的建筑控制区内进行的挖掘、占用、埋设管线、增设平面交叉道口、穿(跨)越设施等活动更加频繁。这些行为若处理不当,可能给公路的安全运行带来严重威胁,导致通行能力下降、道路损坏,甚至引发交通事故等严重问题。如何科学应对涉路行为带来的潜在风险,在经济发展与基础设施建设之间寻求最佳平衡,华设设计集团股份有限公司组织专家团队开展了公路涉路行为安全评价领域的研究与实践,经过多年努力,积累了丰富的经验和成果。

本书是一部针对我国公路建设领域涉路行为安全评价的专业指南,旨在为公路管理机构、设计单位、施工单位以及涉路工程申请人提供全面而实用的指导。编写组希望可以通过本书提供的技术指南,进一步规范涉路工程的安全评价工作,确保公路的安全运行,保障人民群众的生命财产安全。

本书编写组成员长期致力于涉路行为安全评价技术研究与实践,在这一领域积累了丰富的经验和成熟的技术成果。为了推进涉路行为安全评价工作的规范化、程序化,编写组将过往十余年取得的成果和案例进行了精心凝练和总结,最终形成了这部著作。

全书共分为9章,涵盖了公路涉路行为安全评价的主要方面。本书对公路涉路行为的分类进行了详细阐述,为后续的安全评价工作奠定了坚实的基础;介绍了涉路行为安全评价的工作程序和报告编制要求,以确保评价工作的准确性、可操作性和规范性;此外,本书还对跨越式、穿越式、平交和接入式、并行式、利用公路结构物、非公路标志等不同类型的涉路行为进行了专门的技术研究,并选取了一些典型的实际案例进行分析,以帮助读者更好地理解和掌握涉路行为安全评价的实践应用。

最后,我们感谢所有对本书编写给予支持和帮助的专家和同仁。由于研究周期较长,导致书中案例时间跨度较大,难免存在不足之处。我们诚挚地欢迎广大读者提出宝贵的批评和建议,以便我们不断完善和提高。特此致谢!

编　者
2024 年 1 月

目　录

第1章　概述

1.1　涉路行为的基本概念 …………………………………………… 002

1.2　国内外研究现状 ………………………………………………… 003

1.3　涉路行为分类 …………………………………………………… 004

第2章　安全评价程序与报告编制

2.1　安全评价工作基本程序 ………………………………………… 008

2.2　安全评价报告编制 ……………………………………………… 009

第3章　风险评价原则与方法

3.1　风险评价原则 …………………………………………………… 018

3.2　风险等级确定 …………………………………………………… 018

3.3　评价方法简介 …………………………………………………… 021

3.4　评价单元划分 …………………………………………………… 024

3.5　安全对策措施及应急预案 ……………………………………… 039

第4章　跨越式涉路行为安全评价

4.1　跨越式涉路行为特点 …………………………………………… 042

4.2　跨越式涉路行为分类 ……………………………………………… 042
4.3　跨越式行为安全评价内容 …………………………………………… 043
4.4　跨越式涉路行为安全影响分析 ……………………………………… 044
4.5　跨越式涉路行为案例 ………………………………………………… 049

第5章　穿越式涉路行为安全评价

5.1　穿越式涉路行为特点 ………………………………………………… 070
5.2　穿越式涉路行为分类 ………………………………………………… 070
5.3　穿越式涉路行为评价内容 …………………………………………… 074
5.4　穿越式涉路行为安全影响分析 ……………………………………… 076
5.5　穿越式涉路行为案例 ………………………………………………… 084

第6章　平交和接入式涉路行为安全评价

6.1　平交和接入式涉路行为特点 ………………………………………… 108
6.2　平交和接入式涉路行为分类 ………………………………………… 108
6.3　平交和接入式涉路行为安全评价内容 ……………………………… 111
6.4　平交和接入式涉路行为安全影响分析 ……………………………… 112
6.5　平交和接入式涉路行为案例 ………………………………………… 125

第7章　并行式涉路行为安全评价

7.1　并行式涉路行为特点 ………………………………………………… 132
7.2　并行式涉路行为分类 ………………………………………………… 132
7.3　并行式涉路行为评价内容 …………………………………………… 132
7.4　并行式涉路行为安全影响分析 ……………………………………… 133
7.5　并行式涉路行为案例 ………………………………………………… 135

第8章 利用公路结构物涉路行为安全评价

8.1 利用公路结构物涉路行为特点 ………………………………… 150
8.2 利用公路结构物涉路行为分类 ………………………………… 150
8.3 利用公路结构物涉路行为评价内容 …………………………… 150
8.4 利用公路结构物涉路行为安全影响分析 ……………………… 151
8.5 利用公路结构物涉路行为案例 ………………………………… 153

第9章 非公路标志涉路行为安全评价

9.1 非公路标志涉路行为特点 ……………………………………… 164
9.2 非公路标志涉路行为分类 ……………………………………… 167
9.3 非公路标志涉路行为评价内容 ………………………………… 167
9.4 非公路标志涉路行为安全影响分析 …………………………… 168
9.5 非公路标志涉路行为案例 ……………………………………… 168

参考文献 ………………………………………………………………… 196

第 1 章
CHAPTER 1

概述

1.1 涉路行为的基本概念

涉路行为是指在已有公路的建筑控制区内进行挖掘、占用、埋设管线、增设平面交叉道口、穿(跨)越设施等活动。在正常营运的高速公路和开放交通的公路上进行涉路活动,不但可能破坏原有的道路结构及配套设施,还会影响道路通行能力,甚至可能引发交通事故。譬如,在未经公路路政部门许可下修建通信、燃气、石油、给排水管道,挖掘公路;增设出入口和平面交叉,都可能对公路交通的正常运行造成了非常大的隐患。涉路工程需求与实施带来的影响之间的矛盾经过公路管理机构技术论证和协调,进行相应的行政审批,才能既满足经济发展的需要,又保证公路设施的安全。在这一背景下,许多公路管理部门已经制定了涉路工程的行政审批工作程序。2011年7月1日实施的《公路安全保护条例》规定,申请进行涉路施工活动的建设单位应当向公路管理机构提交保障公路、公路附属设施质量和安全的技术评价报告。然而现行法律法规对许可条件规定比较宽泛,对涉路工程行为规定的相关技术标准较为零散,导致主管部门在办理具体许可手续时,面对纷繁的实际情况,难以准确判断是否应该给予许可。总体上,我国涉路行为行政许可制度执行中存在的主要问题有以下两个:

(1)安全评价的实施办法尚待完善,缺乏统一工作标准。

在涉路行为日趋普遍的情况下,对涉路行为的安全评价结果成为行政许可的主要依据。然而,我国目前对于相关安全评价工作还没有相对统一的实施办法,技术标准存在不足,报告编制内容和评审尺度也存在差异。

(2)缺少对涉路行为安全评价范围、评价内容的具体规定。

涉路行为涉及交通、水利、电力、通信、能源等各个部门,牵涉面甚广,形式多样,导致涉路行为安全评价工作具有一定的复杂性。评价范围、评价内容对评价工作的效果、效率均有影响,有待明确。

我国目前对于涉路行为安全评价工作没有制定统一的实施办法,造成各地的工作方式不尽相同,对于这项工作的开展非常不利。总体上,本书的编制可以为行政审批提供参考,还可以预防安全事故发生、协调各基础设施建设相互发展。涉路工程的实施,意味着危险源的增加和冲突点的增多,对正常的交通运营安全构成影响,需要对实施区段的交通组织进行评价。涉路工程建成后,可能对公路行车视距、垂直净空、排水、路侧净区等造成影响,进而对交通安全构成危害,所以也需要对其进行安全评价。公路用地因其特有的资源优势,成为基础设施发展的首选位置,一旦禁止共用公路用地,将会增加社会的发展成本;而如果不合理地共用公路用地,公路的未来发展会受到重大影响,因此需要规范这些基础设施在公路用地内的关系,防止涉路工程限制交通发展。

科学评价,合理规划、实施涉路工程项目,对规范基础设施建设之间的关系、支撑行政许可管理,以及为公众出行、公共安全提供保障均具有十分重要的现实意义。本书不论是对公路管理机构,还是对设计单位、施工单位、涉路工程申请人,都具有参考与借鉴意义。

1.2 国内外研究现状

1.2.1 国内概况

涉路工程涉及面广,交通运输部曾经联合其他部委发布有关规定,从管理和技术角度规范涉路工程和公路的关系。比如:《关于处理石油管道和天然气管道与公路相互关系的若干规定》《处理电线与行道树互相妨碍的规定》《交通部、铁道部、农垦部、水利部关于各部门基本建设工程占用公路暂行规定的联合通知》《关于规范公路桥梁与天然气管道交叉工程管理的通知》等规定。交通运输部发布的《公路项目安全性评价规范》(JTG B05—2015)主要涉及公路本体安全性评价的内容、方法和标准,而在公路建筑控制区范围、涉路工程与公路之间的安全关系等方面涉及不多。国内在涉路工程涉及的某些方面开展了一些研究,如安徽省公路管理局和交通运输部公路科学研究院在整理分析有关行业标准及总结提炼安徽省经验的基础上,结合公路、铁路、水利、石油化工、电力、通信等行业的工程特点,引进吸收其他国家和地区的相关规定,编制了安徽省地方标准《涉路工程安全评价规范》(DB 34/T 790—2008),提出了安全评价的指标和具体数值,后续广西、山西、山东等省区也编制了涉路安全技术规范。江苏省交通运输厅提出了江苏省地方标准《公路涉路工程安全影响评价报告编制标准》,此标准规定了安全影响评价报告编制的基本规定、内容及格式要求。天津市也编制了《国省公路涉路工程技术评价报告编制要求》(DB 12/T 940—2020)。同济大学研究制定了上海市市政工程管理局行业标准《城市道路掘路修复技术标准》(SZ—C—D03—2007),北京市燃气集团编写了北京市地方标准《地下管线非开挖铺设工程施工及验收技术规程》(DB 11/T 594),有些高速公路管理部门、施工企业还对顶管法施工的经验进行了总结。这些规定、工程经验对于涉路工程的具体实施起到了指导作用。

1.2.2 国外概况

日本制定了道路占用的行政许可技术标准,统一规范涉路工程所在的位置、占用设施的结构要求,并且明确了禁止占用的位置。其技术标准一般对占用道路的具体结构物进行罗列,从安全角度进行规定。比如川崎市的道路占用许可标准中就列举了 34 种道路占用的情况,几乎涵盖了所有涉路工程,主要包括电线杆类设施、架空电线、变压器和配电塔、高塔广告、公用电话亭、消防设施、长椅、管道、路边遮阳棚、公交候车亭、上跨人行天桥、出入口道路、标志、跨路施工等设施占用道路的许可条件。

加拿大将涉路工程分为石油天然气管线、给排水管道、架空电力通信线、埋地电力通信线、无线通信等,并且按照其与公路的平行、穿越、利用桥梁敷设等空间位置情况对每种涉路工程进行规定,例如 UTEITY POLICY MANUAL 对涉路工程的线形、最小间距、穿越角度、净空、埋深、管线的防护、标识等进行了明确规定。值得借鉴的是,涉路工程按照其特性进行分级管理,比如石油天然气管线按照管内输送介质的压力分为三级:2070kPa 以上、700~2070kPa 之间、700kPa 以下,不同级别的管线通过公路时要求不同,以最大限度保护公众和公路的安全。

美国按空间位置将涉路工程分为地下设施、地面设施、架空设施,对于每类涉路工程的位置、埋深或净空、隔离与防护、施工都有明确要求。美国的标准规范更全面,许多州还发布了相应技术手册,明确具体设施(输气输液管道、给排水管道、电力线、通信线等)的设置位置、设计要求、景观、交通安全、施工和养护作业的技术要求,并要求对重要涉路工程要进行交通影响分析、路侧安全评估。

1.3 涉路行为分类

为做好涉路行为安全评价工作,一般需对涉路行为进行分类,按不同类别进行评价。各国分类方法各不相同,例如日本采用枚举法,加拿大按涉路行为设施性质进行分类,美国则采用设施与地面的空间关系进行分类。我国主要按涉路工程设施与公路空间关系及性质进行分类,一般分为6类,即:跨越式涉路行为、穿越式涉路行为、平交和接入式涉路行为、并行式涉路行为、利用公路结构物的涉路行为和非公路标志涉路行为。

(1)跨越式涉路行为。跨越式涉路行为主要指公路、铁路以及各类管线从公路以及公路结构物上部架空通过的建设工程。这类工程的建设,易破坏公路景观、形成视线屏障。侵入公路安全限界的结构物还会降低公路服务功能。跨越结构可能因倒塌、坠落、剥落、污损对公路本身和交通运营造成不良影响。跨越式涉路工程主要包括:公路、铁路、轨道交通、输油(煤气)管线、水利设施、电力线、通信广播线以及企业生产输送廊道等。

(2)穿越式涉路行为。穿越式涉路行为主要指铁路、公路、石油、燃气、电力、通信广播、自来水等管道或线缆从公路下部通过的建设工程。这类工程的穿越位置、埋置深度、施工方法的选择,对公路结构层和路基承载力均有影响。开挖施工还会造成交通堵塞和交通中断,严重影响公路自身结构安全和公路交通安全。穿越式涉路工程主要包括:公路、铁路、石油、天然气、电力、电信、自来水、农田水利、有线电视、军事、环保、污水、气象等。

(3)平交和接入式涉路行为。平交和接入式涉路行为主要指公路、沿线单位出入口、加油加气站出入口等在同一高程上与公路主路平面交叉的建设工程。这类工程多易破坏路面排水系统,交叉接坡处易形成跳车,出现路面破损、结构破坏,影响主路使用寿命。同时交叉路口接入使得交通冲突点增多,影响主路交通通行能力,诱发交通事故。平交和接入式涉路工程主要包括:公路平交、铁路平交、加油加气站接入、公路沿线单位接入、乡村道路接入等。

(4)并行式涉路行为。并行式涉路行为主要指公路两侧或一侧平行设立电力线、通信广播线路、输油输气管道等建设工程。此类工程易影响公路边坡形貌和排水系统,造成公路毁损。侵入公路安全限界的结构对行车安全将构成威胁。并行式涉路工程主要包括:公路、铁路、轨道交通、石油、天然气、电力、电信、有线电视、军事、环保、污水、企业生产输送廊道等。

(5)利用公路结构物的涉路行为。利用公路结构物的涉路行为主要指利用公路通道、桥梁等特殊构筑物敷设管线设施的建设工程。此类工程的施工会造成公路建筑物破损,敷设管线的自重破坏原有公路建筑物的受力平衡,影响公路建筑物的结构安全或占用空间断面,从而影响使用功能。利用公路结构物的涉路工程主要包括:通信光缆、热力管、电力管以及供水管等。

(6)非公路标志涉路行为。非公路标志涉路行为主要指在公路用地范围内设置的除公路标志以外的其他标志建设工程。此类工程易影响公路视距,侵入公路安全限界还会对行车安全构成威胁。非公路标志涉路工程主要包括:柱式结构非公路标志、高耸式结构非公路标志、附着式非公路标志等。

第 2 章
CHAPTER 2

安全评价程序与报告编制

2.1 安全评价工作基本程序

《公路安全保护条例》的规定,公路涉路施工项目,必须经过公路管理机构实质性审查,在确认设计方案、施工方案等符合有关技术规范,安全技术评价报告结论得到认可,应急方案健全,符合公路安全运行的要求时,才可作出准予许可的决定。

国家安全生产监督管理总局发布了《关于印发〈安全评价过程控制文件编写指南〉的通知》(安监总规划字〔2005〕177号),该文件对于监控安全评价过程,保障评价质量和水平起到了重要的作用。从现场管理和实际操作过程看,公路涉路行为安全评价的实施程序可分为前期准备、评价、评价后回应三个阶段。

1) 前期准备阶段

前期准备阶段是指申请人向公路管理机构提出涉路行为施工许可的申请,公路管理机构审核材料、接受申请的阶段。前文提到的各类涉路行为都应向相应公路管理机构提出施工许可的申请。在申请中,申请人应向公路管理机构提供各种必需的材料,包括申请书、具有相应资质设计单位的设计施工图、受项目影响的公路设计图及相关规划资料、施工方案,提交保障公路、公路附属设施质量和安全的技术评价报告,以及应急预案等。公路管理机构接受申请后,应尽快对申请人提交的材料进行审核,并在《中华人民共和国行政许可法》规定的时间内得出安全评价结论。

2) 评价阶段

公路管理机构接受申请后,根据申请人的工程情况选择进行专家评审会或委托相应机构进行安全评价。专家评审会是由公路管理部门组织符合相关条件的专家,对涉路工程以专家会议的形式进行组织,并形成专家评审意见。机构评价是指由具有评价能力和相应资质的独立法人对涉路工程进行评价,形成评价报告。

3) 评价后回应阶段

在进行安全评价并得出评价结论后,公路管理机构应及时将评价结果告知申请人。通过安全评价的涉路行为,申请人在接到安全评价意见或安全评价报告后,应在规定的工作日内进行回应。在回应中,申请人应对安全评价中所提出的问题予以答复并完善方案。未通过安全评价的涉路行为,申请人经过整改后,应按程序重新进行申请。

2.2 安全评价报告编制

安全评价报告是安全评价过程的具体体现和概括性总结。安全评价报告是评价对象实现安全运行的技术性指导文件,对完善自身安全管理、应用安全技术等具有重要作用。

2.2.1 总体要求

安全评价报告应全面、概括地反映安全评价过程的全部工作,力求简洁、准确,提出的资料清楚可靠,论点明确,便于阅读和审查。

2.2.2 基本格式

(1)安全评价报告文本格式要求:
①安全评价报告构成包括封面、扉页、资质(资格)证书、目录、正文、附件和附图等;
②安全评价报告用纸规格一般为A4,附件和附图装订规格一般不超过A3;
③安全评价报告设页眉页脚,页眉左侧为报告名称,右侧为章名称,页脚左侧为编制单位,右侧为页码;页码格式为共××页第××页;
④安全评价报告在扉页后应附编制单位和参加单位的资质(资格)证书复印件;
⑤安全评价报告扉页加盖编制单位印章。
(2)安全评价报告封面参考格式如图2-1所示。
(3)安全评价报告扉页格式如图2-2所示。

```
××××工程穿越(××)××公路


安全评价报告




编制单位(名称)
××××年××月
```

图 2-1　安全评价报告封面

```
××××工程穿越(××)××公路


安全评价报告
```

项目负责人	(签名)
部门负责人	(签名)
项目技术负责人	(签名)
总工程师 (或技术负责人)	(签名)
项目主管院长 (主管总经理或行政负责人)	(签名、签章)
院长 (总经理或行政负责人)	(签名、签章)
编制单位	××××
编制日期	××××年××月

图 2-2　安全评价报告扉页

2.2.3 基本内容

安全评价报告的章节组成包括概述,涉及的相关法规、标准及规定,工程概况,设计及施工方案论证,安全保障措施,结论与建议等,并应附必要的图纸和专题研究。

安全评价报告应对涉路工程选址、设计和施工方案是否规范、施工期限是否合理、防护措施是否科学、应急处置措施是否健全等方面提出明确的结论性意见。

1)概述的编制

概述是从整体上阐述涉路工程及评价的基本情况,包括工作背景、编制依据、工作过程和工作内容4个部分。

(1)工作背景

工作背景主要说明涉路工程建设背景、建设地点、建设方案、立项情况及评价任务来源和评价目的等。具体要求如下:

①涉路工程建设背景应阐明项目性质、工程任务和与所涉公路的关系。

②涉路工程建设地点应包括涉路工程所处的具体地理位置,对应公路的桩号、范围、走向等。

③涉路工程建设方案应包括工程建设规模、技术标准等。

④立项情况应列出涉路工程项目相关批准文件。

⑤评价任务来源应列出委托单位名称和评价项目名称。

⑥评价目的主要阐述涉路工程的需求和工程实施对公路的影响。

(2)编制依据

编制依据包括与安全评价工作相关的国家现行的相关法律、法规、规章、规范性文件和技术标准,相关依据文件,依据的技术资料。具体要求如下:

①国家现行的法律、法规、规章、规范性文件应列出名称、颁布时间、颁布部门等。技术标准应列出评价所依据的国家现行标准的名称、编号和发布年份。

②依据文件应列出文件名称、文号、发文单位、发文日期。其中重要文件应全文附后,作为评价报告的附件。依据文件应包括:

a. 项目合法性证明文件,如项目规划批准文件、项目建议书批复文件或政府主管部门关于项目立项审批方式等。

b. 城市、路网、通道等的规划文件。

c. 行业相关规定。

d. 有关部门对该涉路工程的会议纪要或重要函。

e. 其他有关文件。

③依据的技术资料应列出资料全名、编制单位和日期,并应包括：

a. 相关勘测、研究报告。

b. 涉路工程的施工图、施工组织和应急预案。

c. 受影响公路施工图、竣工图资料。

d. 其他作为报告编制依据的技术资料。

(3) 工作过程

工作过程宜阐述项目委托时间、项目组成立情况、现场踏勘和报告编制等情况。

(4) 工作内容

工作内容应简述评价范围和主要分析对象等。

2）涉及的相关法规、标准及规定的编制

涉路工程涉及的相关法规、标准及规定应列出名称、颁布（发布）时间、颁布（发布）部门和相关的条文等内容。

3）工程概况的编制

工程概况包括自然地理及区域地质概况、涉及的公路概况、涉路工程概况3个部分。

(1) 自然地理及区域地质概况

自然地理及区域地质概况应包括：

①项目所处地区的地形与地貌、水文与气象、地震效应等情况。

②项目拟选位置的工程地质条件,包括地质情况说明、钻孔平面位置图、工程地质纵断面图、土层分布表、不良地质现象等。

(2) 涉及的公路概况

涉及的公路概况应包括：

①涉及的公路在路网中的功能、主要技术指标等。

②涉路工程所处路段公路的宽度、高度、工点情况、路面结构形式、地基处理、桥梁孔跨布置和日交通量等。

(3) 涉路工程概况

涉路工程概况应包括：

①涉路工程建设规模、技术标准、与既有公路的相互关系。

②涉路工程设计方案、施工方案、交通组织和应急预案等。

4）设计及施工方案论证的编制

设计及施工方案论证从设计、施工、运营等不同阶段分析论证涉路工程的合法性、合规性及安全性。

涉路工程包括跨越式涉路工程、穿越式涉路工程、平交与接入式涉路工程、利用公路结构物的涉路工程、并行式涉路工程、非公路标志等6类。

(1)跨越式涉路工程

①上跨构造物。

a.论证上跨构造物的平纵指标、净空、交角、视距、排水、安全防护措施是否满足规范要求及其合理性，还应说明受影响道路是否有改扩建计划及其规模。

b.重点论证上跨构造物的结构安全性，采用非通用图构造物宜进行结构验算。

c.论证施工过程的安全性和对既有公路的通行安全影响。

d.论证新增的附属设施(照明、标志、标牌等)的结构可靠性和施工过程的安全性。

②上跨电缆。

a.论证电缆塔的塔形、净空、交角、电压等级、安全防护措施是否满足规范要求及其合理性。

b.重点论证电缆塔基础的上拔、下压、抗倾覆稳定性。

c.论证施工过程的安全性和对既有公路通行安全的影响。

(2)穿越式涉路工程

①道路下穿。

a.论证下穿道路的平纵指标、净空、交角、视距、排水、安全防护措施等是否满足规范要求及其合理性。

b.重点论证交互影响段既有构造物结构和涉路工程结构的安全性。

c.论证施工过程的安全性和对既有道路的通行安全影响。

②管线下穿。

a.重点论证穿越点的工程地质条件与地下障碍、交叉角度、埋置深度、工作井设置位置等的合理性。

b.必要时应论证管道结构的安全性。

c.论证施工过程的安全性和对既有道路正常运营安全的影响。

（3）平交与接入式涉路工程

①重点论证平面交叉的交叉口间距、平纵指标、交角、视距、排水、安全防护措施的合理性。

②论证施工过程的安全性和对既有道路正常运营安全的影响。

（4）利用公路结构物的涉路工程

①利用桥梁。

a.重点论证桥梁结构和涉路附加结构或构件的安全性，应采用原设计标准和新技术标准分别进行验算。

b.论证施工过程的安全性和对既有桥梁正常运营安全的影响。

c.论证工程实施对既有桥梁耐久性的影响。

②利用小型构造物。

a.重点论证涉路工程对小型构造物功能的影响。

b.必要时应论证小型构造物的安全性。

（5）并行式涉路工程

①重点论证并行段地质条件、平面线形、平面位置、净距等的合理性。

②论证施工过程的安全性和建成后对现有公路整体稳定性及通行安全的影响。

（6）非公路标志

①论证非公路标志的尺寸、平面位置、数量、净距、净高、附属设施等的合理性。

②重点论证非公路标志结构的安全性。

5）安全保障措施的编制

安全保障措施应包括施工期安全保障措施和运营期安全保障措施等内容。

（1）施工期安全保障措施

施工期安全保障措施需根据施工单位提供的施工组织方案和应急预案等，对需要提前或同步实施的施工期间人员安全保障措施、施工期间公路安全保障措施及交通保通措施的可靠性与可行性进行评价，并提出对涉路工程方案的要求，包括以下内容：

①涉路工程施工总体进度计划。

②各项资源需要量计划。

③质量保证措施和工期保障措施。

④安全保障措施和应急预案。

⑤通行能力和服务水平的调查分析。

⑥交通组织方案及保通措施。

(2)运营期安全保障措施

运营期安全保障措施应根据相关规范、管理规定、安全监管实际需要等,研究提出运营期间需要采取的相关安全保障措施和监管措施。

6)结论和建议的编制

结论和建议包括结论和建议等内容。

(1)结论

结论应对报告论证分析情况进行总结,包括以下内容:

①涉路工程选址、地质情况结论。
②涉路工程与相关法律、法规、规范及规程的符合性评价。
③工程施工和运营对公路的安全影响分析评价。
④施工和运营安全保障措施等。

(2)建议

建议应提出涉路工程对公路影响存在的主要问题,并针对问题提出改进措施。

7)附图的编制

评价报告的附图需满足涉路工程安全影响评价分析的要求。

附图宜包括:工程地理位置示意图,工程平面布置图(包括既有公路桥涵、地下构造物与管线等平面布置),工程立面布置图(包括既有公路桥涵、地下构造物与管线等立面布置),地质钻孔图,其他必要图纸。

工程地理位置示意图应示出涉路工程在交通网络中的位置、涉路工程名称、公路名称、与涉及公路间的关系、路由方向和主要地名等。

工程平面布置图应示出涉路工程附近的地形、工程所在位置、公路与涉路工程名称、路由方向、指北针、高程系统、角度、设计桩号、公路里程桩号、长度、构筑物与隔离栅间的关系、钻孔位置等。

工程立面布置图应示出涉路工程与公路间的立面、平面、横断面和各部分主要尺寸等;示出路基(桥梁)高度、净空、净宽、路面(地面)高程、涉路工程高程、埋置深度、地质柱状图、隔离栅(边沟)位置、角度和方向等。

地质钻孔图应示出孔口位置、编号、孔口高程、孔深、孔底高程、各层土性、技术参数等。

其他图纸标示内容应满足涉路工程安全影响评价分析要求。

第 3 章
CHAPTER 3

风险评价原则与方法

3.1 风险评价原则

风险评价准则是就项目主体针对每一种风险后果确定的可接受水平,采用某种准则将风险后果根据其可接受水平划分为几个层次,一般包括不可接受风险、可接受风险、可忽略风险等,风险评价时根据评价准则来判断风险因素的风险水平。

风险评价准则决定了风险评价的结果,进而对整个风险管理工作产生深远的影响,因此,评价准则在风险评价过程中起着至关重要的作用,风险评价准则的确定应考虑如下因素:

(1)风险评价准则应结合项目的实际情况,针对不同的项目而言,其风险评价准则也不同,评价准则应根据项目的规模、投资、周期等因素作出相应的调整。

(2)确定风险评价准则时应考虑风险管理成本,减少风险是要付出代价的,项目风险管理过程也需要投入人力、财力、物力,为了将风险限定在一个合理的可接受水平,在制定风险评价准则时应权衡风险损失与风险管理成本之间的关系。

(3)单个风险和整体风险都要确定评价准则,对于单独的风险因素,应确定其可接受水平,而对于项目整体而言,其评价准则的划分标准主要以项目整体风险水平对项目预期目标所产生的影响为依据。

风险评价标准制定的关键是要确定风险的可接受水平,这个水平反映了一定时期内社会各领域的风险主体对风险的接受程度,既要满足项目的个别标准,又要符合项目所在地的相关规定。

不同的社会分工部门间的风险评价准则是不同的,就涉路工程项目而言,其风险评价准则应该符合涉路安全领域相关风险标准、项目所在地社会风险标准,并满足项目本身的风险标准。

3.2 风险等级确定

在涉路工程项目中,其个人风险、社会风险主要用施工范围内相关人员的伤亡、对社会的影响等因素来刻画;经济风险则代表,项目由于风险事件而造成的人、车、路等方面的直接经济损失,以及由于工期延误等原因造成的间接经济损失。因此,涉路工程风险评价主要需考察人员伤亡、经济损失、环境影响、工期延误等。

为了对工程的风险事故有一个大体的、定性的把握,以便指导风险决策的开展,需对不同的风险事故进行风险等级划分。一般来说,风险的两个重要因素是概率和损失,按照相关研究和规定,给出概率和损失风险等级评定标准,如表 3-1~表 3-6 所示。

风险发生概率等级标准　　　　　　　　　　　　　　　　　　　表 3-1

等级	一级	二级	三级	四级	五级
事故描述	不可能	很少发生	偶尔发生	可能发生	频繁发生
区间概率	$p<0.01\%$	$0.01\%\leqslant p<0.1\%$	$0.1\%\leqslant p<1\%$	$1\%\leqslant p<10\%$	$p\geqslant 10\%$

风险损失等级分为一、二、三、四、五级。应按人员伤亡等级、经济损失等级、环境影响等级及工期延误等级等因素确定。当多种损失同时产生时,应采用就高原则确定风险损失等级。

风险事故损失等级标准　　　　　　　　　　　　　　　　　　　表 3-2

等级	一级	二级	三级	四级	五级
描述	可忽略的	需考虑的	严重的	非常严重的	灾难性的

人员伤亡等级判断标准　　　　　　　　　　　　　　　　　　　表 3-3

等级	判断标准
1	重伤人数 5 人以下
2	3 人以下死亡(含失踪)或 5 人以上 10 人以下重伤
3	3 人以上 10 人以下人员死亡(含失踪)或 10 人以上 50 人以下重伤
4	10 人以上 30 人以上人员死亡(含失踪)或 50 人以上 100 人以下重伤
5	30 人以上人员死亡(含失踪)或 100 人以上重伤

注:1. 参考《生产安全事故报告和调查处理条例》和《企业职工伤亡事故分类标准》。
　　2. "以上"包含本数,"以下"不包含本数,下同。

经济损失等级判断标准　　　　　　　　　　　　　　　　　　　表 3-4

等级	判断标准
1	经济损失 500 万元以下
2	经济损失 500 万元以上 1000 万元以下
3	经济损失 1000 万元以上 5000 万元以下
4	经济损失 5000 万元以上 10000 万元以下
5	经济损失 10000 万元以上

注:1. 参考《生产安全事故报告和调查处理条例》。
　　2. 对总造价较低的工程,可采用相对经济损失进行判定。

环境影响等级判断标准 表3-5

等级	判断标准
1	涉及范围很小,无群体性影响,需紧急转移安置人数50人以下
2	涉及范围较小,一般群体性影响,需紧急转移安置人数50人以上100人以下
3	涉及范围大,区域正常经济、社会活动受影响,需紧急转移安置人数100人以上500人以下
4	涉及范围很大,区域生态功能部分丧失,需紧急转移安置人数500人以上1000人以下
5	涉及范围非常大,区域内周边生态功能严重丧失,需紧急转移安置人数1000人以上,正常的经济、社会活动受到严重影响

注:参考《建设项目环境保护管理条例》和《中华人民共和国环境影响评价法》。

工期延误针对不同的工程类型和建设工期,采用两种不同的单位标准表示,短期工程(建设工期两年以内)采用天表示,长期工程(建设期两年以上)采用月表示。

工期延误等级判断标准 表3-6

等级	一级	二级	三级	四级	五级
工期延误(工期超过2年)	延误大于12个月	延误6个月至12个月	延误3个月至6个月	延误1个月至3个月	延误少于1个月
工期延误(工期少于2年)	延误大于90d	延误60d至90d	延误30d至60d	延误10d至30d	延误少于10d

风险评估一般采用风险矩阵评价方法,需要按照一定的风险等级标准将矩阵图进行划分,根据风险因素在矩阵图上对应的风险发生可能性和风险损失程度,对风险因素进行评价。风险等级标准宜与项目自身所处的状况相结合,风险等级标准确定后还应给出各级风险的风险接受准则,以便为风险控制提供依据。结合上述风险发生可能性等级标准和风险损失等级标准,得到的风险等级标准及风险接受准则如表3-7和表3-8所示。

风险等级标准表 表3-7

风险发生概率	事故损失				
	1.可忽略	2.需考虑	3.严重	4.非常严重	5.灾难性
$A: p < 0.01\%$	一级	一级	二级	三级	四级
$B: 0.01\% \leq p < 0.1\%$	一级	二级	三级	三级	四级
$C: 0.1\% \leq p < 1\%$	一级	二级	三级	四级	五级
$D: 1\% \leq p < 10\%$	二级	三级	四级	四级	五级
$E: p \geq 10\%$	二级	三级	四级	五级	五级

风险接受准则　　　　　　　　　　　　　　　表3-8

等级	接受准则	控制方案	应对部门
一级	可忽略的	日常管理和审视	工程建设参与各方
二级	可容许的	需注意,加强日常管理审视	工程建设参与各方
三级	可接受的	引起重视,需制订防范、监控措施	工程建设参与各方
四级	不可接受的	需决策,制订控制、预警措施	政府部门及工程建设参与各方
五级	拒绝接受的	立即停止,整改、规避或启动预案	政府部门及工程建设参与各方

3.3　评价方法简介

涉路工程安全风险评估,首先通过对类似工程的安全风险发生情况的调查,以及专家的现场或书面调查,在研究分析设计、施工、运营阶段可能发生安全风险诱因的基础上,确定关键风险源及次要风险源,并分类完成安全风险列表;其次是采用定性与定量相结合的方法,对风险源的风险发生概率及损失进行分析和评估,确定其发生的可能性及严重程度;再次是根据已确定的风险发生概率等级和风险损失等级,按照风险等级确定的相关要求,确定安全风险等级;最后是针对不同的安全风险等级,研究提出相应的应对措施。

3.3.1　风险源的评估方法

首先进行风险源辨识工作。先进行现场查看,收集工程基础资料。所收集的资料一般应包括：

(1)拟建涉路工程设计文件。

(2)涉路区域内水文、地质、自然环境等资料。

(3)受影响公路的规划、竣工文件和工程地质勘察报告等资料。

(4)工程区域内的建(构)筑物(含管线、铁路、公路、高压线等)资料。

(5)其他与评估对象相关的资料。

(6)类似工程事故资料。

对所收集的资料进行分析、归纳,填写风险源普查表。根据涉路工程建设条件、设计方案、施工技术、运营管理划分评估单元,并将风险源普查结果按照评估单元划分归类,分析当前涉路工程中是否存在该风险源。当存在时,则给出依据,明确存在的方式及产生的影响,填写检查表。检查表完成后,通过相关人员咨询、评估小组讨论、专家咨询的方式,判断该风险源重要程度,并记录判断依据,填写风险源列表。所咨询的相关人员宜选择:

(1)建设单位、设计单位、施工单位、路权单位、路政交警、道路使用者等有关人员。

(2)当地具有丰富涉路工程建设经验的工程技术人员。

(3)具有同类工程丰富建设经验的工程专家。

3.3.2 风险源发生概率的评估方法

风险源发生概率可采取专家调查法、概率分析法、层次分析法、事故树法、模糊综合评价法等方法进行确定。根据工程不同阶段的特点,可选择一种方法或者多种方法相结合确定风险源发生概率。涉路工程安全风险评估,风险源发生概率一般采用基于信心指数的专家调查法,它被证明在缺乏施工数据的情况下可作为一种有效的风险分析方法。

专家调查法的应用是通过专家辨识出某一特定项目可能遇到的所有风险,列出风险调查表,并利用专家经验对可能的风险因素的重要性进行评价,综合成整个项目风险。在调查中引入"信心指数",即专家在做出相应判断时的信心程度,也可以理解为该数据的客观可靠程度。这意味着将由专家自己进行数据的可靠性或客观性评价,这就会大大提高数据的可用性,也可以扩大数据采集对象的范围。通过这种方法,可以挖掘出调研数据的深层信息。即使数据采集对象并非该领域的专家,只要他对所做出的判断能够有一个正确的评价,那么这个数据就应该视为有效信息。

专家调查法的一般步骤为:

1)编制专家调查表

专家调查表的编制从结构上应包括六部分:标题、说明语、风险发生概率等级与判断标准、风险损失等级与判断标准、风险等级调查表、项目基础资料。

说明语为本次专家调查的解释性内容,应包括目的、指导提示性语言、相关要求等。

参与填写风险等级调查表的专家宜选择:

(1)了解涉路工程建设情况的资深专家。

(2)了解受影响公路建设情况的资深专家。

(3)评估小组内部具有丰富风险评估经验的专家。

项目基础资料应简要提供与工程方案相关的信息。

2）选择专家

采用专家调查法时，专家人数应有合理的规模。专家的人数取决于项目的特点、规模、复杂程度和风险的性质，一般不宜少于 5 人（单数）。专家的选择，宜做到评估小组内专家和行业内专家协调平衡。

3）风险等级调查表填写

风险等级调查表的填写可通过现场会议、寄发调查表等方式完成。

当专家意见比较分散时，应再次征询意见，待专家重新考虑后再次提出自己判定风险发生概率和风险损失等级的理由，调整等级判定结果。

4）整理、统计调查表

在风险等级调查表集中回收完成后，应对调查表进行逐份检查，剔除不合格的调查表，然后将合格调查表统一编号，以便调查数据的统计。

对某一项风险的发生概率和相应风险损失，应统计所有合格表格对该项的判定值，按照加权平均的方式进行计算。当权值不易判定时，可按权值为 1 处理。

3.3.3 风险损失的评估方法

涉路工程安全风险评估，风险损失一般采用专家调查法确定，也可采用层次分析法、事故树法、模糊综合评价法等方法确定。下面仅简要介绍层次分析法，其他可参阅相关文献。

层次分析法是按照一定的规律把决策过程层次化、数量化，是一种对多方案或多目标进行决策的方法，一般步骤为：

(1) 构造因素和子因素的判断矩阵。

(2) 构造两两比较判断矩阵，从层次结构的第二层开始，对于从属于（或影响到）上一层某个因素的同层诸因素，用成对比较法和比较尺度构造成对比较矩阵，直至最下层。

(3) 针对某一标准，计算各风险因素的权重，对于每一个成对比较矩阵，计算最大特征根及对应特征向量，特征向量即为该比较矩阵中各因素权重值。

(4)计算当前一层风险相对总目标的排序权重。

(5)一致性检验。

该方法可以有效地对影响评估目标的风险因素进行定量分析,并比较各因素之间权重大小,因此该方法可对已知风险源进行定量分析。

3.3.4 风险等级的评估方法

根据风险发生概率和风险损失的估测值,采用风险评价矩阵方法,查表确定风险等级。

具体确定方法是:

(1)风险值 = 风险发生概率 × 风险损失。"×"表示风险发生概率和风险损失的级别的组合。

(2)由风险发生概率和风险损失的级别,查表确定风险等级,并参照表得到风险水平及与其相对应的要求。

3.4 评价单元划分

所谓评价单元就是根据评价目标和评价方法的需要,按照施工工艺、生产场所、危险与有害因素类别等,将系统划分为若干有限、相对独立、确定范围和需要评价的单元。

评价单元的划分和确定是系统评价的基础,对于一般意义上的工程项目,其评价单元划分原则如下:

(1)简化评价工作又避免评价漏项。

(2)提高不同定性、定量评价方法的应用准确性。

(3)得出单元危险度的比较概念,突出评价对象的系统危害特征,同时不夸大整体危险性。

(4)提高评价精度,强化对策措施针对性,合理估算安全投入。

为了实现以上目标,有必要先将评价对象划分为若干个评价单元,分别进行分析,再综合形成对整个系统的客观评价。好的划分方案既能使评价工作顺利、高效地进行,又有利于得出准确无误的评价结果。

根据涉路工程建设项目的特点,结合危险、有害因素的辨识与分析,评价单元可划分为:

(1)总体设计符合性评价单元。

(2)公路设施(路基、桥涵、安全设施等)安全评价单元。

(3)施工组织符合性评价单元。

(4)行车和行人安全评价单元。

(5)交通组织评价单元。

(6)生产过程中劳动条件、作业环境评价单元。

3.4.1 总体设计符合性评价单元

6类涉路行为总体设计符合性评价内容如表3-9~表3-14所示。

跨越式涉路行为符合性评价检查表　　　　　表3-9

类型	查证要素与方法	检查结果	评价结论	备注
上跨构造物	1.应有项目立项依据/审查文件/批复 2.设计单位应编制完善的设计文件 3.设计单位应有完整的地质勘察资料 4.施工单位应编制完善的施工方案、交通组织方案和应急预案 5.受影响道路是否有改扩建计划及其规模 6.论证上跨构造物的跨越位置、平纵指标、净空、交角、视距、排水、结构受力、安全设施等是否满足规范要求及其合理性			
上跨电缆	1.应有项目立项依据/审查文件/批复 2.设计单位应编制完善的设计文件 3.设计单位应有完整的地质勘察资料 4.施工单位应编制完善的施工方案、交通组织方案和应急预案 5.受影响道路是否有改扩建计划及其规模 6.论证电缆塔的跨越位置、最小水平距离、最小垂直距离、塔形、净空、交角、电压等级、安全防护措施等是否满足规范要求及其合理性			

穿越式涉路行为符合性评价检查表　　　　　　　　　　　　　　　　　　表3-10

类型	查证要素与方法	检查结果	评价结论	备注
道路下穿	1. 应有项目立项依据/审查文件/批复			
	2. 设计单位应编制完善的设计文件			
	3. 设计单位应有完整的地质勘察资料			
	4. 施工单位应编制完善的施工方案、交通组织方案和应急预案			
	5. 受影响道路是否有改扩建计划及其规模			
	6. 论证下穿道路的穿越位置、道路限界、路侧安全净距、平纵指标、净空、交角、视距、排水、护栏、立面标记、限高架等是否满足规范要求及其合理性			
管线下穿	1. 应有项目立项依据/审查文件/批复			
	2. 设计单位应编制完善的设计文件			
	3. 设计单位应有完整的地质勘察资料			
	4. 施工单位应编制完善的施工方案、交通组织方案和应急预案			
	5. 受影响道路是否有改扩建计划及其规模			
	6. 论证穿越点的工程地质条件与地下障碍、交叉角度、埋置深度、工作井设置位置、永久保护措施等的合理性			

并行式涉路行为符合性评价检查表　　　　　　　　　　　　　　　　　　表3-11

类型	查证要素与方法	检查结果	评价结论	备注
并行	1. 应有项目立项依据/审查文件/批复			
	2. 设计单位应编制完善的设计文件			
	3. 设计单位应有完整的地质勘察资料			
	4. 施工单位应编制完善的施工方案、交通组织方案和应急预案			
	5. 受影响道路是否有改扩建计划及其规模			
	6. 论证并行段地质条件、平面线形、平面位置、净距、管道埋深、排水设施、标志标线、防眩设施、声屏障设施、隔离栅等的合理性			

平交和接入式涉路行为符合性评价检查表　　　　表 3-12

类型	查证要素与方法	检查结果	评价结论	备注
平交	1.应有项目立项依据/审查文件/批复 2.设计单位应编制完善的设计文件 3.设计单位应有完整的地质勘察资料 4.施工单位应编制完善的施工方案、交通组织方案和应急预案 5.受影响道路是否有改扩建计划及其规模 6.论证平面交叉的交叉口间距、选位、平纵指标、交角、视距、转弯辅助车道、转弯线形、渠化、路基路面、排水、安全设施、服务水平等的合理性			
沿线单位接入	1.应有项目立项依据/审查文件/批复 2.设计单位应编制完善的设计文件 3.设计单位应有完整的地质勘察资料 4.施工单位应编制完善的施工方案、交通组织方案和应急预案 5.受影响道路是否有改扩建计划及其规模 6.论证接入公路等级、视距、接入段道路等级、接入口平面线形、纵断面、标志、标线、附加车道、排水、新老路衔接等的合理性			
加油气站接入	1.应有项目立项依据/审查文件/批复 2.设计单位应编制完善的设计文件 3.设计单位应有完整的地质勘察资料 4.施工单位应编制完善的施工方案、交通组织方案和应急预案 5.受影响道路是否有改扩建计划及其规模 6.论证加油站设备与站外建筑物安全距离、防火设计、接入口位置、标志、标线、排水设施等的合理性			

利用公路结构物涉路行为符合性评价检查表　　　　表 3-13

类型	查证要素与方法	检查结果	评价结论	备注
利用桥梁	1.应有项目立项依据/审查文件/批复 2.设计单位应编制完善的设计文件 3.设计单位应有完整的地质勘察资料			

续上表

类型	查证要素与方法	检查结果	评价结论	备注
利用桥梁	4.施工单位应编制完善的施工方案、交通组织方案和应急预案			
	5.论证涉路工程对桥梁结构、功能和其他既有设施的影响、管线类型、净空、敷设位置、敷设结构、防护措施等的合理性			
利用小型构造物	1.应有项目立项依据/审查文件/批复			
	2.设计单位应编制完善的设计文件			
	3.设计单位应有完整的地质勘察资料			
	4.施工单位应编制完善的施工方案、交通组织方案和应急预案			
	5.论证涉路工程对小型构造物功能的影响、管线类型、安装方式、过水影响、安全措施等的合理性			

非公路标志涉路行为符合性评价检查表　　　　表3-14

类型	查证要素与方法	检查结果	评价结论	备注
非公路标志	1.应有项目立项依据/审查文件/批复			
	2.设计单位应编制完善的设计文件			
	3.设计单位应有完整的地质勘察资料			
	4.施工单位应编制完善的施工方案、交通组织方案和应急预案			
	5.受影响道路是否有改扩建计划及其规模			
	6.论证非公路标志结构受力、尺寸、平面位置、数量、净距、净高、附属设施等的合理性			

3.4.2　公路设施(路基、桥涵等)安全评价单元

根据涉路行为的设计文件对其进行必要的结构安全性评价,评价内容如表3-15～表3-22所示。

跨越式涉路行为结构安全性评价检查表　　　　　　　　　　表 3-15

类型	查证要素与方法	检查结果	评价结论	备注
上跨构造物	1. 论证上跨构造物的结构安全性,采用非通用图构造物宜进行结构验算			
	2. 论证施工过程的安全性和对既有公路通行安全的影响			
	3. 论证新增的附属设施(照明、标志、标牌等)运营期的结构可靠性和施工过程的安全性			
上跨电缆	1. 论证电缆塔基础的上拔、下压、抗倾覆稳定性			
	2. 论证施工过程的安全性和对既有公路通行安全的影响			

穿越式涉路行为结构安全性评价检查表　　　　　　　　　　表 3-16

类型	查证要素与方法	检查结果	评价结论	备注
道路下穿	1. 论证交互影响段既有构造物结构和涉路工程结构的安全性			
	2. 论证施工过程的安全性和对既有道路通行安全的影响			
管线下穿	1. 论证管道结构的安全性			
	2. 论证施工过程的安全性和对既有道路正常运营安全的影响			

并行式涉路行为结构安全性评价检查表　　　　　　　　　　表 3-17

类型	查证要素与方法	检查结果	评价结论	备注
并行	1. 必要时论证交互影响段既有构造物结构的安全性或既有道路边坡的稳定性			
	2. 论证施工过程的安全性和建成后对现有公路整体稳定性及通行安全的影响(包含受力、变形、沉降等因素),论证护栏过渡段、防护工程、噪声、眩光对公路的影响			

平交和接入式涉路行为结构安全性评价检查表　　　　　　　表 3-18

类型	查证要素与方法	检查结果	评价结论	备注
平交	论证施工过程的安全性和对既有道路正常运营安全的影响			

续上表

类型	查证要素与方法	检查结果	评价结论	备注
沿线单位接入	对施工方案的合理性、施工安全规定进行评价			
加油气站接入	对施工方案的合理性、施工安全规定进行评价			

利用公路结构物涉路行为结构安全性评价检查表 表3-19

类型	查证要素与方法	检查结果	评价结论	备注
利用桥梁	1. 论证桥梁结构和涉路附加结构或构件的安全性,应根据情况采用原设计标准和新技术标准进行验算			
	2. 论证施工过程的安全性和对既有桥梁正常运营安全的影响			
	3. 论证工程实施对既有桥梁耐久性、安全性的影响			
利用小型构造物	1. 必要时应论证小型构造物的安全性			
	2. 论证施工过程的安全性和对既有小型构造物正常运营安全、结构安全的影响			

非公路标志涉路行为结构安全性评价检查表 表3-20

类型	查证要素与方法	检查结果	评价结论	备注
非公路标志	1. 论证非公路标志结构的安全性			
	2. 论证施工过程的安全性和对既有道路正常运营安全的影响			

对于涉及的新建、改建和利用的路基桥梁工程还应进行必要的安全性核查。

路基工程安全检查表 表3-21

评价对象	查证要素与方法	检查结果	评价结论	备注
总体要求	1. 路基工程应具有足够的强度、稳定性和耐久性			
	2. 路基设计应做好工程地质勘查工作,查明水文地质和工程地质条件,获取设计所需要的岩土物理力学参数			
	3. 路基设计应从地基处理、路基填料选择、路基强度与稳定性、防护工程、排水系统以及关键部位路基施工技术等方面进行综合设计			

续上表

评价对象	查证要素与方法	检查结果	评价结论	备注
一般路基	1.路基设计之前,应做好全面调查研究,充分收集沿线地质、水文、地形、地貌、气象、地震等设计资料 2.路基设计应根据当地自然条件和工程地质条件,选择适当的路基横断面形式和边坡坡度 3.沿河路基应根据冲刷情况,设置必要的防护设施			
路基排水	公路路基排水设计应与路面排水、路基防护、地基处理以及特殊路基地区(段)的其他处治措施相互协调,形成完善的排水系统			
路基防护与支挡	路基坡面防护工程应在稳定的边坡上设置,防护类型的选择应综合考虑工程地质、水文地质、边坡高度、环境条件、施工条件和工期等因素的影响			
特殊路基	特殊路基设计应考虑地质和环境等因素对路基的影响,路基病害整治应遵循以防为主、防治结合、力求根治的原则,因地制宜,合理有效			

桥涵工程安全检查表 表3-22

评价对象	查证要素与方法	检查结果	评价结论	备注
桥涵工程	1.公路桥涵应根据所在公路的作用、性质和将来发展的需要,应按照美观和有利环保的原则进行设计 2.公路桥涵结构应按承载能力极限状态和正常使用极限状态进行设计 3.公路桥涵设在设计文件中,对涉及工程质量的构造设计、材料性能和结构耐久性、必须特别指明的制作或施工工艺、桥涵运行条件等提出相应的要求 4.高速公路桥涵的汽车荷载等级为公路—Ⅰ级 5.公路桥涵地震作用的计算及结构的设计,应符合现行《公路工程抗震设计规范》(JTJ 004)的规定 6.高速公路上桥梁的防撞护栏应符合现行《公路交通安全设施设计规范》(JTG D81)的有关规定			

3.4.3 施工组织符合性评价单元

对于涉路工程施工方案应进行必要的合理性评价,评价内容如表 3-23 所示。

施工组织符合性评价表 表3-23

评价对象	查证要素与方法	检查结果	评价结论	备注
施工主要设备和仪器	施工中需要使用的大型机械设备、测量仪器、试验仪器名称、类型、数量应有完整的记录,施工过程中派专人进行规范管理			
人员配备	施工单位应根据工程规模配备一定数量的专业技术人员和施工人员,并有相应的资质证书和操作证			
施工方案	施工单位应根据工程特点和地质情况提出合理可靠的工程施工方案,施工方案及应急措施是否通过审查,必要的沉降、位移观测方案是否合理,必要的交通组织方案是否合理			
施工进度计划	施工单位应根据施工方案编制合理的施工进度计划			
安全生产领导组织机构的组成和目标	项目部应成立质量管理和质量保证组织机构,为实现安全生产提供强有力的组织保证,并组织做好现场安全技术培训			
质量保证措施	1. 原材料应派专人进行采购、验收、管理 2. 在工程开工前由项目总工程师组织有关技术人员进行设计图纸会审 3. 施工技术人员在施工之前应向作业班组做好详尽的技术交底,现场专人指挥 4. 坚持测量复核,避免因施工测量错误			
施工进度保证措施	1. 编制完善的施工方案,科学组织施工 2. 运用成熟工艺,实现均衡生产 3. 依靠科技进步,提高施工效率 4. 运用网络技术,实现动态管理 5. 保质量、保安全、保环境,确保工期			

续上表

评价对象	查证要素与方法	检查结果	评价结论	备注
季节性施工保证措施	1. 雨季施工应有完善的防雨措施和排水措施 2. 冬季施工应有完善的防冻措施和养护措施 3. 夜间施工应有合理的作息时间及照明设施和警示标志			
文明施工及环境保护措施	1. 建立主责部门,实行生态保障领导负责制 2. 施工期间加强教育,场地选址尽量少占或绕避林地、耕地,保护原有植被 3. 施工结束后及时恢复植被和道路两侧绿化措施 4. 施工营地遗弃物、废油、污水应妥善处理 5. 注意夜间施工的噪声影响,尽量采用低噪声施工设备			
职业健康安全保障措施	成立职业健康安全保障领导小组,组织人员定期进行健康体检,协助处理公共卫生突发事件			
事故应急处理措施	1. 建立触电事故应急救援措施 2. 建立机械伤害事故应急救援措施 3. 建立机械倾覆的应急预案措施 4. 建立吊装事故的应急预案措施 5. 建立火灾事故应急预案措施 6. 建立交通事故急预案措施 7. 建立穿越孔洞大量涌水措施 8. 建立路面沉降应急措施 9. 建立路面塌陷应急措施 10. 建立地面冒浆处理措施			根据工程实际情况酌情增减

对于不同类型的涉路工程施工中可能存在的各种风险事故应综合性分析,如表3-24~表3-29所示。

路基桥梁工程风险评价表　　　　　　　　　　表3-24

施工作业	风险事故
工程运输	无证驾驶
	车辆自身缺陷
	疲劳作业
	边坡基坑边缘行驶

续上表

施工作业	风险事故
基坑工程	基坑开挖未对周围构造物进行支护
	基坑开挖大于5m未进行支护
	基坑未按设计要求支护、基坑边坡设置不当
	基坑外未设置围挡和警示标志
	基坑边行驶或停放载重车辆
	基坑爆破人员未撤离
	基坑内通风不良
	基坑内有害气体
	开挖渣土堆放过高
	在桥墩附近开挖或堆载
	机械操作不当
	机械缺陷事故
	无排水设施
路面工程	混合料配比有误
	摊铺施工不规范
桩基础施工	地质情况不符
	桩位定位有误
	孔壁坍塌
	钻孔偏移倾斜
	钢筋笼、导管下不到位
	打桩机械离高压线过近
	机械操作不当
支架施工	支架搭设无施工方案
	支架使用不合格材料
	支架在软土地基上搭设
	支架上堆载过大
	支架预压不到位
	支架立杆横杆间距过大
	支架剪刀撑设置不合理
	支架高度较高时未设置缆风绳
	使用机械牵引推倒拆除支架

续上表

施工作业	风险事故
支架施工	上下多层交叉拆除
钢筋工程	绑扎墩柱钢筋未搭设操作平台
	钢筋骨架吊运时无缆风绳
模板工程	模板支撑未按设计要求布设
	混凝土强度未达标即拆除模板
	模板安装拆除过程无防护措施
	模板存放过高
	大模板存放无防倾倒措施
混凝土工程	混凝土配比有误
	混凝土不密实
	梁体施工不规范
	保护层厚度不足
桥面系及附属工程	作业平台保护设施不到位
	高空作业不系安全带
	氧气瓶施工安全距离不足

电塔工程风险评价表　　　　表3-25

施工作业	风险事故
电塔工程	基础开挖方案不合理
	作业人员抛扔器具
	高空作业不系安全带
	铁塔未接地
	牵引设备、张力设备施工时滑车未接地
	架线施工无人指挥
	跨越架立杆横杆尺寸不合标准
	跨越架剪刀撑设置不合理
	跨越架无临时拉线
	跨越架宽度不足
	跨越架整体倾倒

非公路标志风险评价表　　　　　　　　　表 3-26

施工作业	风险事故
非公路标志	基础开挖方案不合理
	地质条件、基础形式与设计不符
	钢立柱锈蚀
	焊接不牢靠
	无防雷接地措施
	作业人员抛扔器具
	高空作业不系安全带

顶管穿越工程风险评价表　　　　　　　　表 3-27

施工作业		风险事故
顶管进出洞		设备吊装与安装风险
		掘进机出发事故
		掘进机到达事故
		临时工程和设备拆除风险
顶管顶进	障碍物和不良地质	地下障碍物
		高承压水或涌水
		暗浜和地层空洞
		有害气体
		全断面流沙
		浅覆土层
		地质钻孔回填不密实
	顶进操作失误	开挖和顶进控制失误
		轴线控制不当
		泥浆处理失误
	注浆施工风险	注浆设备事故
		注浆质量事故
		注浆环境影响事故
	防水防腐风险	管片防腐施工风险
		不均匀沉降
		管片开裂脱节
		地表变形
		环境污染

定向钻穿越工程风险评价表　　　　　　　表3-28

施工作业	风险事故
定向钻施工	周边管线过近 导向钻头磨蚀 钻机锚固不牢 预扩孔级差较大 扩孔器牙轮脱落 卡钻 回拖失败 钻杆断裂 泥浆排量过大或过小

安全生产风险评价表　　　　　　　　表3-29

施工作业	风险事故
施工用电	无证操作 电线裸露、绝缘老化 危险、潮湿场所不安全用电 起重机无避雷保护
起重机械操作	无证上岗 大型吊装无专项方案 吊臂下违章作业 吊重超载 钢丝绳磨损严重 起吊无人指挥 吊装离基坑边坡较近

3.4.4　行车和行人安全评价单元

对既有公路正常运营产生影响的涉路工程建设项目,如跨越既有公路的项目等,施工过程中如不中断交通,对行车和行人都有一定的安全隐患,行车和行人风险评价如表3-30所示。

行车和行人风险评价表　　　　　　表 3-30

阶段	查证要素与方法	检查结果	评价结论	备注
施工期	1. 上跨既有道路的工程施工期间应设置防抛网,禁止施工人员抛掷工具和杂物,焊接操作应有必要的封闭措施。限高防护架上应设置警示灯,增加夜间照明和爆闪装置			
	2. 并行或平交既有道路的工程施工期间应禁止施工人员抛掷工具和杂物,施工现场应有必要的隔离措施			
	3. 非公路标志和电缆塔施工期间严禁向公路投掷工具和杂物			
	4. 利用公路结构物的涉路行为应禁止在公路桥涵下堆放杂物、私拉电线,施工车辆应尽可能地减少占用公路的时间			
	5. 施工过程中如破坏了高速公路的隔离栅,应派专人看护,防止施工人员及无关人员进入高速公路,施工完成后应及时恢复			
	6. 施工现场围护的区域需有警示标志,防止车辆行人碰撞事故发生			
	7. 超限货物运输过程中应在车辆上设置必要的警示标志,危险品车辆应在驶经路段对其他车辆有必要的提醒措施			
运营期	1. 上跨高速公路、需要控制出入的一级公路的车行或人行构造物两侧均应设置防抛网			
	2. 防抛网采用的金属网网孔规格应按相关规范选用,设置范围不小于下穿公路规划宽度并各向路外延长 10m			
	3. 跨线桥的墩柱及侧墙端面应设置黄黑相间的立面标记			

3.4.5　交通组织评价单元

对既有公路正常运营产生影响的涉路工程建设项目,施工单位应编制完善的交通组织方案,保障既有公路的正常运营。交通组织方案风险评价如表 3-31 所示。

交通组织方案风险评价表　　　　　　表 3-31

查证要素与方法	检查结果	评价结论	备注
1. 交通组织期间对影响公路(道路)的技术等级、横断面、设计速度、桥梁和隧道技术状况、净空、交通量、交通组成、通行能力、服务水平的影响应满足规范和相关部门的要求			
2. 交通组织期间的分流方案应科学合理			
3. 交通组织期间的作业区布置及标志标牌设置应符合规范			
4. 交通组织期间应当制订公路交通突发事件、恶劣天气和自然灾害、重大节假日及重大社会经济活动下的应急交通组织方案			

3.4.6　生产过程中劳动条件、作业环境评价单元

涉路工程生产过程中劳动条件、作业环境风险评价如表 3-32 所示。

生产过程中劳动条件、作业环境评价风险评价表　　　　　　表 3-32

查证要素与方法	检查结果	评价结论	备注
1. 生活区临时工程应统筹安排,合理选址,经业主、当地环保部门审批,主动接受监督检查			根据工程实际情况酌情增减
2. 生活区应设置必要的公共卫生设施,生活固体垃圾集中堆放,按照环保部门的要求定期清理			
3. 临时生活设施的修建、拆除时产生的固体废弃物,按照环保部门的要求弃于指定地点处理			
4. 建立工作时间的限制和休息时间,规定休假制度,从时间角度保护劳动者的安全和健康			
5. 施工场所中危害劳动安全与卫生的应让作业人员合理配备足够、齐全的劳保防护用品			

3.5　安全对策措施及应急预案

3.5.1　安全对策措施

根据安全风险评估报告结论,应制订具有针对性的应对措施,以预防、降低或消除安全隐患。安全风险管理应在保障安全、保护环境和控制成本的前提下,采取合理的控制

对策,把安全风险控制在可接受的水平。

应根据评估的风险等级,提出风险应对策略,制订风险对策表。对于三级风险,应由设计、施工单位制订应急预案。对于本阶段无法判断的风险,需在评估报告中明确,并提出下阶段工作的建议和措施。

3.5.2　应急预案

应急预案是在发生紧急情况时所执行的方案,是重大事故预防控制系统的重要组成部分之一。建设单位应联合施工单位负责制订现场应急救援预案,并且定期检验和评估现场应急预案和程序的有效程度,以及进行必要的修订。预案应提出详尽、实用、清楚和有效的技术与组织措施。

项目应急预案的编写一般应涉及以下方面:

(1)适用范围,说明应急预案适用的范围,包括现场危险对公路本体、行车行人、周围环境、交通通行的影响程度及规模。

(2)应急组织机构及职责,明确应急组织形式及构成单位(部门)的应急处置职责,应急组织机构以及各成员单位或人员的具体职责。

(3)响应启动,明确响应启动后的程序性工作,包括应急会议召开、信息上报、资源协调、信息公开、后勤及财力保障工作。

(4)预防措施及处置措施,针对可能发生的事故风险、危害程度和影响范围,明确应急处置指导原则,制订相应的风险预防措施和应急处置措施,进行必要的现场演练。

(5)应急保障,根据应急工作需要明确保障的内容,包括应急物资储备、应急疏散方式、路线、地点、临近单位相互支援的可能性等。

第 4 章
CHAPTER 4

跨越式涉路行为安全评价

4.1　跨越式涉路行为特点

跨越式涉路工程主要指道路、铁路以及各类管线从既有公路及结构物上部架空通过的建设工程。在已通车公路上建设跨越式涉路工程,不但可能影响原有公路的路基稳定性、公路排水系统,破坏公路景观,形成视线屏障,施工过程可能造成交通拥挤和事故,跨线结构物设计不合理还会导致该路段成为交通事故黑点,跨线结构物因倒塌、坠落、剥落、污损对公路本身和交通运营造成影响,跨路工程的存在还会影响未来公路的改扩建规划。

4.2　跨越式涉路行为分类

跨越式涉路行为根据跨越物的类型进行分类,可以分为道路上跨公路、铁路上跨公路、输电线路上跨公路等。

(1)道路上跨公路的行为:主要是指道路与公路相交时,新建道路采用上跨桥的方式跨越被交路,形成分离式立体交叉。道路上跨公路行为需根据道路网规划、相交道路的功能、等级、交通量、地形和地质条件、经济与环境因素等确定。

①高速公路同其他各级公路交叉,除因交通转换而设置互通式立体交叉外,均必须设置分离式立体交叉。

②承担干线功能的一级公路或城市快速路同其他各级公路的交叉,除因交通转换需要而设互通式立体交叉外,为减少平面交叉,且相交的公路又不能截断时,应采用分离式立体交叉。

③二、三、四级公路或其他等级城市道路间的交叉,直行交通量很大或地形条件适宜,而不考虑交通转换时,可设置分离式立体交叉。

主线上跨或下穿应根据相交道路的功能、等级、地形和地质条件、跨线桥对主线线形及相关工程的影响程度、工程造价等确定。

(2)铁路上跨公路的行为:主要是指铁路与公路相交时,铁路采用上跨桥的方式跨越被交公路,形成立体交叉。

①公路与铁路交叉时,新建的铁路项目应首选立体交叉。

②高速公路、一级公路与铁路交叉,必须设置立体交叉。

③高速铁路、城际铁路和路段旅客列车设计行车速度为140km/h及以上的铁路与公路相交叉时,必须设置立体交叉。

④公路与铁路交叉,符合下列情况之一者应设置立体交叉:

a.Ⅰ级铁路与公路交叉;

b.铁路路段旅客列车设计行车速度大于或等于120km/h的地段与公路交叉;

c.铁路与二级公路交叉;

d.由于铁路调车作业对公路上行驶的车辆会造成较严重延误;

e.受地形等条件限制,采用平面交叉会危及公路行车安全;

f.结合地形或桥涵构造物情况,具备设置立体交叉条件。

(3)输电线路上跨公路的行为:主要是指高压电力线(110kV以上)与公路交叉时,可采用跨越方式通过公路。

4.3 跨越式行为安全评价内容

4.3.1 道路、铁路跨越公路安全评价

(1)跨线桥等结构物设计方案规范符合性检验:跨越位置、线形(平纵指标)、交角、视距、净空、排水、交通标志、防护设施、安全措施等是否满足规范要求。

(2)跨线桥等结构物可靠性复核验算:上部结构及下部结构的设计是否满足规范要求。

(3)施工保障措施:基础施工对既有公路路基稳定性、既有桥梁等结构物墩台沉降、桩顶水平位移的影响程度、施工控制措施是否合理、监测方案中的指标和控制阈值是否合理、对结构物下面道路的保护措施等是否满足要求。

(4)施工交通组织方案:对既有公路交通的影响进行分析,具体的交通组织形式、标志标牌摆放、车辆的引导模式等是否满足要求。

(5)施工应急预案:核查施工应急预案的内容是否完整、预案是否具有针对性等。

(6)运营期安保措施:跨线桥等结构物是否按规范设置限高标志、墩柱反光标记,中分带墩是否设置防撞护栏、防撞护栏等级等。

4.3.2 电力线跨越公路安全评价

(1)架空送电线路杆塔结构验算:是否采用通用型号;若采用非通用型号,需验算杆塔结构的强度、刚性、稳定、连接强度、抗风能力等是否满足要求。

(2)架空送电线路基础验算:下压承载力验算、上拔承载力验算和水平承载力验算等是否满足要求。

(3)核查架空送电线路的线形、支撑和附属设施、跨越位置、最小水平距离、最小垂直距离、交叉角度和安全防护措施等是否满足相关技术规定要求。

(4)核查施工安全措施、施工区交通组织情况、应急预案是否满足要求。

(5)运营期安保措施是否满足要求。

4.4 跨越式涉路行为安全影响分析

4.4.1 道路、铁路桥梁跨越公路

1)跨线桥等结构物自身结构安全影响分析

道路、铁路采用上跨桥跨越被交路时,采取的跨越方案应最大程度降低对被交路的影响,同时需满足新建道路、铁路桥梁等结构物的技术指标要求。跨线桥等结构物的设计施工首先应保证自身结构的安全性,包括上部结构的使用性能和承载能力的各项指标、下部结构的承载能力和稳定性均应满足规范及使用要求。只有在满足此前提下,才能进一步对跨线桥等结构物产生的影响进行分析。

随着经济的快速发展,各种相应的服务设施建设,配套的各种能源管道及通信电力线等大量在地下埋设,尤其是在城郊段。因此,在跨线桥等结构物设计时,首先调查清楚周围管线的分布,以便正确布置桥墩、台等位置。对于允许迁移的管线,应协同管线管理单位事先进行迁移;对于不允许迁移的管线、跨线桥等结构物,设计时必须避开管线规定的禁止范围,以防发生意外事故。

一般情况下,被交路的净空及视距直接影响被交路的通行能力和通行安全,为保证

被交路的通行不受影响,道路跨越宜选在双方线形均为直线的地段或平、纵线形技术指标较高且通视良好的地段,必须满足规范规定的交叉角度及路线线形指标。跨线桥等结构物的跨径与布孔应留有足够的侧向余宽,不应在行车道上设置中墩,对被交路行车造成直接的影响;跨线桥等结构物竖曲线线形一般应采用凸曲线,梁底最低点与相应路面垂直距离必须满足被交路净空要求,条件满足时尽可能留有富余。净空应综合考虑被交路未来的拓宽改造规划,以免对未来改造带来影响和不必要的麻烦。

采用跨线桥跨越时,跨线桥桥墩将不可避免地对被交路产生影响,而桥墩的布置是否合理将直接关系到对被交路影响的程度。根据一般规定及规范要求,在公路建筑控制区内应限制设置桥墩和其他突出地面的结构物,不应将墩、台设置在公路排水边沟以内;跨越四车道高速公路时,不宜在中央分隔带设置中墩;跨越六车道及以上高速公路时,若须在中央分隔带设置中墩时,中墩两侧应设防撞护栏,并留足护栏缓冲变形的安全距离,防止发生交通事故时对跨线桥造成危害,桥墩的布设应满足被交路行车视距的要求。对在被交路中央分隔带设置了中墩的工程,中墩对被交路原有的中央分隔带排水系统及通信管线造成破坏的,应对原有的中分带设施进行改迁及修复,保证原有的道路设施正常运行。

2012年12月22日,广东省佛山市某高速公路与国道交会处,由于没有明显的警示标志,一辆中巴车的司机在凌晨时分碰撞了中分带桥墩,从而引发了重大交通事故,十余乘客受伤。

2012年5月6日凌晨3时许,某高速公路,一辆由广西驶向深圳的长途客车撞向高速路边跨线桥的桥墩,事故造成两人死亡,多人受伤,见图4-1。

图4-1 事故现场

除跨线桥等结构物本身的因素影响外,其修建还会对被交路产生一系列的附属影响。为防止跨线桥等结构物运营过程中产生的道路垃圾、抛落物等进入到被交路净空范围内,跨线桥应设置防落网,且防落网的防护范围及网孔规格均应满足相关规范的要求。跨线桥引道的排水系统应自成体系,在被交路净空范围内不宜设置泄水孔,不应对路基造成损坏,不得影响路面,不得影响公路原有的排水系统。跨线桥的护栏防撞等级必须满足相关规范要求,防止桥上发生的意外交通事故对桥下道路产生影响,造成二次事故。

跨线桥等结构物修建后,应对上跨结构物自身的安全进行防护,应按国家有关规定在跨线桥等结构物处设置车辆限高标志及限高防护架,墩柱及侧墙断面应设置反光立面标记,提醒桥下过往车辆,防止车辆冲撞桥墩和梁板等构件。

2)跨线桥等结构物施工安全影响分析

跨线桥等结构物的施工对于桥下被交道路交通安全及运营的影响极大,在既有公路上跨线桥梁施工时发生垮塌,造成过往车辆、人员重大损失的事故也时有发生。在桥梁梁体吊装、支架搭设等施工过程中,必须中断道路交通,对被交道路的正常运营造成非常大的影响,尤其是封闭的高速公路,车辆的绕行分流非常困难。因此在跨线桥方案设计过程中,应充分考虑施工过程对被交道路的现状交通造成的各种影响,采用合理的桥梁形式及方案,制定安全可行的施工方案,有效缩短影响道路正常通行的施工工期。

施工物料和机具的摆放是否合理也对施工安全影响很大,一般规定施工用品不应存放在公路中央分隔带、行车道、匝道或路肩上。物料和机具应存放在公路用地红线外或路侧净区外的安全地点,保证堆放的物料不会成为路障和成为交通事故隐患。特殊情况下,如施工需要在公路边设置料场、工棚等附属设施时,应进行合理的接入设计,并设置警示标志。

《中华人民共和国公路法》和《公路安全保护条例》中明确规定,跨线桥施工前建设单位必须事先取得公路主管部门同意,影响车辆通行的,还须征得公安交通管理机关同意,共同确定施工作业的起讫时间,需要中断交通的,事先联合公路管理部门和公安机关交通管理部门制订绕行方案,现场安排专人指挥交通和车辆引导。未提前获得公路部门的许可,严禁进行任何涉路行为。

施工期间的交通组织方案应从安全角度全面考虑,尽量减少对交通的影响。一般来说,持续时间在15min以上的涉路工程应按照现行《道路交通标志和标线》(GB 5768)的要求进行布设;以下情况时,应单独提供详细的交通组织方案,供公路主管部门审批:

(1)施工须在夜间进行时。

(2)交通控制设施需夜间或在不施工时保留在公路上。

(3)跨线工程需连续移动施工。

(4)规范提供的施工安全设施设置示例不满足涉路工程作业需要时。

(5)施工时须占用一条以上车道、路肩、匝道时。

在交通流量大的公路上施工作业时应避开交通高峰,选取车流量较小的时段进行作业。

跨线桥施工如发生需占用路面宽度、封闭路面时间较多、施工工期长等情况时,将严重影响桥下道路交通流量,极大降低交通通行能力和通行安全。在此情况下,施工时应设置临时便道,为道路交通提供方便的绕行通道,保障道路的正常通行和安全。

临时便道的平纵线形、交通工程设施、排水、养护等问题对于通行能力、行车安全和舒适性的影响很大。临时道路的设计应根据道路的交通流量、周边地理环境,以及临时工程的投入效益比等因素综合考虑,制订合理可行的方案,方案须经公路主管部门及公安交通管理机关的审核批准。

施工前应按照规定针对可能发生的突发情况制订相应的应急预案,包括遇到雨雾天气、发生交通事故、车辆发生故障影响交通、堵车等紧急情况时的具体处理措施,最大限度地降低桥梁施工期间对公路行车的影响。

4.4.2 电力线跨越公路

1)电力线自身结构安全影响分析

随着输电线路网的规划发展日趋完善,大量的高压电力线建设与公路相交叉,不可避免对公路产生了影响。由于高等级电力线的特殊性以及建设成本的限制,使得现阶段高等级电力线与公路相交时,一般均采用杆塔架设的方式跨越公路。根据现行的各种法规规定的要求,除特殊情况外,高压电力线(110kV以上)可以跨越高速公路。

电力线跨越公路时,电力线结构的设计施工应保证自身结构的安全性,包括杆塔结构的使用性能和稳定性、下部基础结构的承载能力和稳定性均应满足电力规范要求。杆塔材料应完全依据设计文件规定使用,不得使用不符合规格要求的材料,防止安全事故发生。

在跨线公路设计时,首先必须调查清楚设计杆塔位置周围管线的分布,以便正确布置跨越方案。杆塔基础设计时应尽量避开各类管线规定的禁止范围,以防发生意外事故。

电力线跨越公路时,因杆塔档距有一定的限值,因此过小的交角将直接影响公路的净空,为缩小对公路的影响范围,宜尽量采用垂直交叉,必须斜交时应大于45°。

为防止电力线跨越对公路通行能力和安全产生的影响,电力线必须满足公路的净空要求。其次,电力线与公路附属物之间的距离也需满足相关要求。各规范规定的最小垂直净空如表4-1～表4-3所示,水平净空如表4-4所示。

架空输电线路导线到路面的最小垂直距离　　　　　　　　　　　　　表4-1

标称电压(kV)	154～220	330	500	750	1000单回路	1000双回路逆相序	±800直流
距路面的最小垂直距离(m)	8.0	9.0	14.0	19.5	27.0	25.0	21.5

电力线与树木(考虑自然生长高度)之间的最小垂直距离　　　　　　　表4-2

标称电压(kV)	220	330	500	750
垂直距离(m)	4.5	5.5	7.0	8.5

高架电力线与交通信号、交通标志、照明灯具间的最小距离　　　　　　表4-3

标称电压(kV)	最小间距(m)
110～220	4.6
330～500	6.1

注:数值参照美国 *Industrial Health and Safety Regulations*, *Worker's Compensation Act.*

杆塔(与公路交叉)内缘距公路边沟外侧的最小水平距离　　　　　　　表4-4

标称电压(kV)	220	330	500	750	1000	±800直流
距离(m)	8	8	8	10	15	15

除满足上表规定之外,部分地区公路交通主管部门还要求电力线在跨越高速公路时,路侧杆塔水平净距应尽可能满足一倍的倒塔距离。同时设计应采用独立耐张段跨越高速公路,对于独立耐张塔,塔结构相互独立,且附近杆塔倒塌时,独立耐张塔不会形成连续串倒,能有效地防止杆塔倒塌形成的连续性破坏,保障高速公路运行的安全。

电力线跨越公路时,不应在公路土路肩范围以内埋设支撑结构,跨越设施的支撑结构和突出地面的附属物都应设置在路侧净区外。对高速公路和一级公路等控制出入的高等级公路,跨越设施的支撑结构和突出地面的附属物宜设置在公路建筑红线外。对设有拉线的杆塔,条件受限时,拉线棒应设置在距行车道边缘6m以外。

2）电力线施工安全影响分析

电力线施工前建设单位须先取得公路主管部门同意，影响车辆通行的，还须征得公安交通管理机关同意，共同确定施工作业的起讫时间，需要中断交通的，事先联合公路管理部门和公安机关交通管理部门制订现场管制方案，现场安排专人指挥交通和车辆引导。未提前获得公路部门的许可，严禁进行任何涉路行为。

电力线跨越时，一般均采用在公路两侧搭设毛竹塔架，路面上方进行封网作业的施工方法。依据规定，临时支撑设施应尽量远离公路，其位置距离路肩边缘应不小于1.5m。施工前，施工方应复核毛竹塔架的自身结构安全性，防止搭设过程中由于塔架自身的不稳定造成事故。施工时，应严格按照设计及施工文件进行搭设，不允许偷工减料，或出现材料的替代现象。严禁高处抛物，上下传递工具、材料必须使用绝缘绳索。毛竹传递必须一根一根地竖直传递，严禁将没有使用过的毛竹浮搁在架体上，严禁随意乱扔，以免落入高速公路行车道。跨越架搭设后应悬挂限高标志，标明允许通过车辆高度。

在跨越架施工作业前，施工方应制定合理的交通组织方案，施工时协同公安机关交通管理部门做好现场交通指挥，电力线跨越施工中拉导线过路时需进行短时间（10~20min）的道路封闭，交通组织方案应详细保证道路封闭时的交通标志标牌摆放，对于车流量较大的高速公路，一般宜在距施工区域2km前后进行施工提醒以及减速标牌，减速标牌标识车速减小不应太快，宜采用每20km/h为一级进行减速，距施工区域一定距离外停车。

施工前应按照规定针对可能发生的突发情况制订相应的应急预案，包括遇到雨雾天气、发生交通事故、施工机械发生故障影响交通、堵车等紧急情况时的具体处理措施，最大限度地降低施工期间对公路行车的影响。

4.5 跨越式涉路行为案例

4.5.1 某铁路跨某高速公路特大桥安全评估

1）工程概况

某高速公路（图4-2）现状为双向六车道，路基宽度为35m，公路中间及两侧有绿化带。某铁路上跨高速公路,与之交角为68°。交叉处铁路位于直线段;高速公路在此处位于曲线段。交叉处某高速公路为路基段,路基填高为2.5m。

图4-2　上跨处高速公路

铁路采用64m钢桁架跨越高速公路,上部结构采用组拼吊装施工工艺,下部结构采用钻孔灌注桩,25号、26号桥墩设置在某高速公路路基两侧,25号、26号桥墩承台尺寸按5m×10.2m布置,净高按不低于5.5m控制。

2）风险辨识及估计

设计和运营阶段的风险主要包括:

(1)上跨段的道路线形指标(平纵线形、交角等)不合理,将对被交道路的视距、净空等方面产生影响,造成行车安全隐患。

(2)上跨桥自身结构的不安全,致使工程在施工或使用过程中由于结构本身质量安全问题引起坍塌及各种事故。

(3)设计未考虑受影响道路的改扩建计划,造成今后改扩建工程受影响。

(4)上跨段桥梁运营产生的污染物(桥面排水)直接对桥下道路产生安全及污染影响。

(5)跨线桥防护措施(护栏以及防抛网等附属设施)不到位,引发高速公路交通事故。

施工阶段造成的风险主要包括:

(1)施工方案及技术措施的安全可靠性未经过论证、审核,会造成施工过程中工程质量得不到有效控制或对被交路的路基稳定性造成不利影响。

(2)基坑施工对既有高速公路路基稳定性的影响。

(3)恶劣条件下施工可能会造成结构破坏,高空起吊设备受到影响,引起设备坍塌事故。

(4)雨天施工会对现场设备材料造成腐蚀危害,增加带电设备漏电风险,从而造成人员触电事故。

(5)电工、电焊工、起重工、架子工、测量人员等高空作业操作人员管理不善,未取得职业资格或进入施工现场未进行安全技术培训,施工作业过程中会造成触电、高空坠落、物体打击、人员伤害。

(6)作业施工光线不足,作业人员夜间施工、疲劳施工或违反程序赶工,会影响工程质量,从而影响结构使用寿命。

(7)施工期间被交路交通组织不合理,会导致被交路交通堵塞、发生安全事故。

(8)施工应急预案不完备,发生紧急事故时处理不当,抢救不及时,造成财产和人身安全。

根据风险辨识过程中得出的可能存在的风险事故,结合本工程实际情况,设计和运营阶段最可能出现线形指标不合理造成安全事故,施工阶段最可能出现起吊事故、坠落事故、交通组织不当等事故。

3)风险分析

根据以上对设计、运营和施工阶段可能存在的各种风险事故进行综合汇总分析,并采用风险接受准则对其等级进行评定,风险评价要素评级具体见表4-5。

风险评价要素评级　　　　表4-5

风险阶段	风险事故	发生概率	损失后果	风险等级
设计和运营阶段	上跨桥自身结构的不安全	二级	三级	三级
	道路线形指标不合理	二级	三级	三级
	设计未考虑受影响道路的改扩建计划	三级	二级	二级
	运营产生的污染物直排桥下	三级	二级	二级
	跨线桥防护措施不到位	三级	二级	三级
施工阶段	施工方案及技术措施的安全可靠性未经过论证	二级	三级	三级
	高空起吊设备坍塌事故	二级	三级	三级
	雨天施工触电事故	二级	三级	三级
	未取得职业资格或进入施工现场未进行安全技术培训,造成触电、高空坠落、物体打击、人员伤害	二级	三级	三级
	夜间施工、疲劳施工或违反程序赶工	二级	三级	三级
	施工期间被交路交通组织不合理	三级	三级	三级
	施工应急预案不完备,发生紧急事故时处理不当	二级	二级	二级

4）风险控制措施

通过风险评价结果，对于风险等级较高的事故，应采取一定的风险控制措施。

（1）设计和运营风险控制措施

①设计单位应编制完善的设计文件、地质勘察资料，并通过审查。

②桥梁跨越段应不设泄水孔或采用集中收集排水。

③桥梁跨越段应设置符合规范要求的防落网。

④上跨桥桥墩处应有防撞措施。

（2）施工风险控制措施

①施工单位应编制完整的施工方案、安全防护措施和应急预案。

②施工使用机械应符合安全标准，操作人员应具有相关的职业资格证，施工操作需严格按照相应的规章制度进行。

③桥梁上部结构吊装施工时必须采取相应的安保措施，确保吊装施工安全实施。

④施工期间应在桥面上设置防落网，避免物体下落对高速公路行驶车辆造成影响。

⑤在进行夜间施工时，应加强施工现场的灯光以及交通标志、标牌的醒目度，灯光的布置应合理，不应对行驶车辆造成眩光等影响。

⑥施工期间应派专人对施工区域进行巡查，严禁非施工人员进入现场，现场施工人员严禁进入正常通行的车道，以免造成交通事故。

⑦交通组织期间应按规范要求设置施工警告标志和警示灯，并派专人疏导交通。

5）安全性评估

根据设计文件、施工方案以及风险分析，进行安全性评估。

（1）上跨段的道路指标符合性检验

①铁路与高速公路相交采用上跨式立体交叉，相交段铁路平曲线为直线，满足规范规定要求。

②铁路跨线桥一孔跨过高速公路，中间不设墩，满足相关规定要求。

③净空：铁路桥梁跨越高速处，高速主线的路基宽度按两侧拓宽后45.0m进行控制。25号、26号桥墩墩柱、承台距现状路基土路肩外边缘、现状路基坡脚、规划路基土路肩外边缘、规划路基坡脚的距离见表4-6。

墩台距各控制线距离   表4-6

项目	25号桥墩墩柱	25号桥墩承台	26号桥墩墩柱	26号桥墩承台
距现状路基土路肩外边缘(m)	9.07	7.95	10.39	9.28
距现状路基坡脚(m)	5.54	4.42	6.02	4.91
规划路基土路肩外边缘(m)	4.08	2.96	5.4	4.29
规划路基坡脚(m)	0.69	侵入0.43	1.17	0.06

注：规划路基坡脚距现状路基坡脚4.85m（根据拓宽后的路基宽度、横坡、边坡、现状地形计算得到）。

25号桥墩墩柱距规划路基土路肩外边缘4.08m，26号桥墩墩柱距规划路基土路肩外边缘5.40m，桥墩净跨54.48m≥45m，运营期净高5.9m≥5.5m，净高富余0.4m。

④交角及视距：铁路与高速交叉角度68°＞45°，平面位于直线段，中分带不设墩，满足停车视距要求。

⑤排水：上跨高速公路段雨水由25号、26号墩处集中排出，满足要求。

（2）施工保障措施

①铁路桥上部结构采用组拼吊装施工工艺，必须采取相应的安保措施，确保道路营运的安全。铁路营运期间也应采取相应的安保措施，设置相应的防护及排水设施，确保道路营运的安全。铁路桥上部结构施工方案和防护措施要通过专项审查后，方可施工。

②建议桥墩承台、桩基施工时必须采用一定的防护措施，确保路基的安全，其施工方案和防护措施要通过专项审查后，方可施工，还应对防护效果实施监测。公路排水设施若遭到破坏，应通过改移及时恢复道路两侧排水功能，确保畅通和安全。

③桥梁上部结构吊装施工时必须采取相应的安保措施，确保吊装施工的安全实施。

④施工使用机械应符合安全标准，操作人员应具有相关的职业资格证，施工操作需严格按照相应的规章制度进行，严令防止由于机械设备操作不当对高速公路正常运行产生影响。

⑤钢梁安装好后，进行桥面和钢轨的施工时，施工期间在桥面上设置了防抛网，避免物体下落对高速公路行驶车辆造成伤害，满足要求。

⑥在进行夜间施工时，应加强施工现场的灯光以及交通标志、标牌的醒目度，灯光的布置应合理，不应对行驶车辆造成眩光等影响。

⑦施工期间应派专人对施工区域进行巡查，严禁非施工人员进入现场，现场施工人员严禁进入正常运行的车道，以免造成交通事故。

(3)施工应急预案

①施工方案制订了详细的应急处理措施,包括遇到雨雾天气、发生交通事故、车辆发生故障影响交通、堵车等紧急情况,处理措施基本合理。

②雨雾天气在控制区两端设置红或黄色闪光警示灯、爆闪灯,除钻孔灌注桩外,其他分项工程不安排在雨、雾等恶劣天气时施工,满足要求。

(4)施工期交通组织方案

①大桥上跨高速公路施工计划影响高速公路60d,采用吊装拼接工艺,施工工期基本合理。

②吊装安装采用全天候封闭半幅路面,半幅通行的方案,方案基本合理。

③标识、标牌设置:迎车行方向由远向施工区分别设置前方2km、1600m、800m施工警告标志,在1600m和800m处设置减速带,在400m处安装爆闪灯,在改道转进处和中央分隔带前方来车20m处安装黄色警示灯。施工交通组织方案基本合理。

(5)运营期安保措施

上跨高速公路没有设置防落网,建议设置满足规范要求的防落网。

4.5.2 某省道接线工程跨某高速公路安全评估

1)工程概况

某省道接线工程全线采用双向六车道一级公路城镇段标准,设计速度80km/h。上跨桥上部结构为先简支后连续组合箱梁,共22跨($4 \times 30 + 5 \times 30 + 4 \times 30 + 5 \times 30 + 4 \times 30$)m,分五联,其中第三联11、12跨箱梁上跨某高速公路,交叉角度97.5°。上跨桥在高速公路中央分隔带处设墩。下部结构采用桩柱式墩、肋板式台,钻孔灌注桩基础。

跨越段高速公路路基为双向六车道标准,设计速度120km/h,路基全宽35m,中间带4.5m(其中左侧路缘带2×0.75m,中央分隔带3.0m),行车道$2 \times 3 \times 3.75$m,硬路肩为2×3.25m,土路肩为2×0.75m。中央分隔带为凸形,路面横坡为2.0%,土路肩横坡为4.0%。

2)风险辨识及估计

设计和运营阶段的风险主要包括:

(1)上跨段的道路线形指标(平纵线形、交角等)不合理,将对被交道路的视距、净空等方面产生影响,造成行车安全隐患。

(2)上跨桥自身结构的不安全,致使工程在施工或使用过程中由于结构本身质量安全问题引起坍塌及各种事故。

(3)设计未考虑受影响道路的改扩建计划,造成今后改扩建工程受影响。

(4)上跨段桥梁运营产生的污染物(桥面排水)直接对桥下道路产生安全及污染影响。

(5)跨线桥防护措施(护栏以及防抛网等附属设施)不到位,引发高速公路交通事故。

施工阶段造成的风险主要包括:

(1)施工方案及技术措施的安全可靠性未经过论证、审核,会造成施工过程中工程质量得不到有效控制或对被交路的路基稳定性造成不利影响。

(2)恶劣条件下施工可能会造成结构破坏,高空起吊设备受到影响,引起设备坍塌事故。

(3)雨天施工会对现场设备材料造成腐蚀危害,增加带电设备漏电风险,从而造成人员触电事故。

(4)电工、电焊工、起重工、架子工、测量人员等高空作业操作人员管理不善,未取得职业资格或进入施工现场未进行安全技术培训,施工作业过程中会造成触电、高空坠落、物体打击、人员伤害。

(5)作业施工光线不足,作业人员夜间施工、疲劳施工或违反程序赶工,会影响工程质量,从而影响结构使用寿命。

(6)施工期间被交路交通组织不合理,会导致被交路交通堵塞,容易发生安全事故。

(7)施工应急预案不完备,发生紧急事故时处理不当,抢救不及时,造成财产和人身安全。

根据风险辨识过程中得出的可能存在的风险事故,结合本工程实际情况,设计和运营阶段最可能出现线形指标不合理造成安全事故,施工阶段最可能出现起吊事故、坠落事故、交通组织不当等事故。

3)风险分析

根据以上对设计和施工阶段可能存在的各种风险事故进行综合汇总分析,并采用风险接受准则对其等级进行评定,风险评价要素评级见表4-7。

风险评价要素评级　　　　　　　　　　表 4-7

风险阶段	风险事故	发生概率	损失后果	风险等级
设计和运营阶段	上跨桥自身结构的不安全	二级	三级	三级
	道路线形指标不合理	二级	二级	二级
	设计未考虑受影响道路的改扩建计划	三级	二级	二级
	运营产生的污染物直排桥下	三级	二级	二级
	跨线桥防护措施不到位	三级	三级	三级
施工阶段	施工方案及技术措施的安全可靠性未经过论证	二级	三级	三级
	高空起吊设备坍塌事故	二级	三级	三级
	雨天施工触电事故	二级	三级	三级
	未取得职业资格或进入施工现场未进行安全技术培训,造成触电、高空坠落、物体打击、人员伤害	二级	三级	三级
	夜间施工、疲劳施工或违反程序赶工	二级	二级	二级
	施工期间被交路交通组织不合理	三级	三级	三级
	施工应急预案不完备,发生紧急事故时处理不当	二级	二级	二级

4)风险控制措施

通过风险评价结果,对于风险等级较高的事故应采取一定的风险控制措施。

(1)设计和运营风险控制措施

①设计单位应编制完善的设计文件、地质勘察资料,并通过审查。

②桥梁跨越段应不设泄水孔或采用集中收集排水。

③桥梁跨越段应设置满足规范要求的护网。

④上跨桥桥墩处应有防撞措施。

(2)施工风险控制措施

①施工单位应编制完整的施工方案、安全防护措施和应急预案。

②施工使用机械应符合安全标准,操作人员应具有相关的职业资格证,施工操作需严格按照相应的规章制度进行。

③桥梁上部结构吊装施工时必须采取相应的安保措施,确保吊装施工的安全实施。

④施工期间应在桥面上设置防抛网,避免物体下落对高速公路行驶车辆造成影响。

⑤在进行夜间施工时,应加强施工现场的灯光以及交通标志、标牌的醒目度,灯光的布置应合理,不应对行驶车辆造成眩光等影响。

⑥施工期间应派专人对施工区域进行巡查,严禁非施工人员进入现场,现场施工人员严禁进入正常运行的车道,以免造成交通事故。

⑦交通组织期间应按规范要求设置施工警告标志和警示灯,并派专人疏导交通。

5)安全性评估

根据设计文件、施工方案以及风险分析,进行安全性评估。

(1)上跨段的道路指标符合性检验

①接线工程与高速公路相交采用上跨式立体交叉,接线工程相交段平曲线为直线,满足规范要求。

凸形竖曲线半径6500m≥4500m,满足规范要求。

路线纵坡为±3%,最小坡长465m≥200m,满足规范要求。

②净空高度:接线工程第11、12孔上跨高速公路,上跨段净空高度5.624m>5.20m,满足规范要求。

净空宽度:上跨桥10、12号墩距高速公路路基边缘均为11.5m,距隔离栅1.65m,且高速公路无改扩建计划,满足规范要求。

③交角及视距:接线工程与高速交叉角度97.5°,平面位于半径7500m的圆曲线上,停车视距461m>110m,满足规范要求。

④排水:上跨桥在11号墩处不设排水管,上跨高速公路段雨水由10、12号墩处集中排出,满足规范要求。

上跨桥11号墩布置在高速公路中央分隔带内,根据高速公路中分带排水设施的布置,在施工时应采取合理的排水措施对墩柱所处位置的中分带渗水进行排除,防止雨水渗入路基、漫流路面或出现中分带积水现象的发生。施工结束后,应对破坏的中分带排水设施进行修复,保证高速公路中分带排水的正常运行。

(2)桥梁上部结构验算

①技术指标与参数。

设计荷载:公路—Ⅰ级。

桥跨布置:4×30m。

预应力材料力学特性:锚下张拉控制应力1395MPa;波纹管摩擦系数0.25;波纹管偏差系数0.0015;锚具单端回缩变形6mm;车道荷载横向分布系数0.632;不均匀沉降5mm。

结构体系:先简支后连续。

构件类别:预应力混凝土 A 类构件。

本计算按平面杆系计算。

②箱梁计算模型。

全桥共划分 78 个单元,79 个节点,如图 4-3 所示。

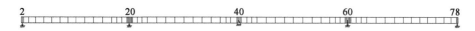

图 4-3　单元划分图示

其中,2、20、40、60、78 号节点为支点。

③箱梁计算结果。

a. 短期效应组合计算结果如图 4-4 和图 4-5 所示。

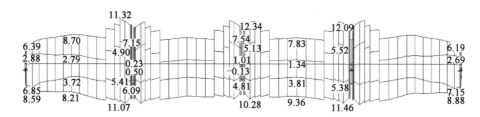

图 4-4　短期效应组合主截面正应力图(单位:MPa)

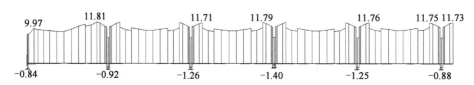

图 4-5　短期效应组合主截面主应力图(单位:MPa)

b. 标准组合计算结果如图 4-6 和图 4-7 所示。

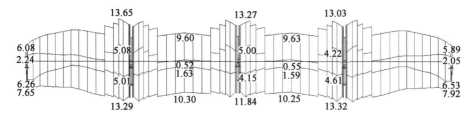

图 4-6　标准组合主截面正应力图(单位:MPa)

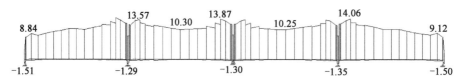

图 4-7　标准组合主截面主应力图(单位:MPa)

c. 承载能力极限状态正截面强度验算结果如图 4-8 所示。

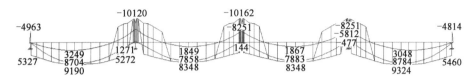

图 4-8　内力包络图(单位:kN)

最大抗力及抗力、最小抗力及抗力对应内力图(未计入普通钢筋)。

针对该桥桥型特点,在计算过程中对上部结构进行了承载能力及正常使用状态下的结构验算。箱梁上部结构在正常使用极限状态及承载能力极限状态下均满足规范要求。

(3)施工保障措施

①施工期间施工作业区全部采用彩钢瓦围护,施工机械相对固定在施工作业区内,满足要求。

②高速公路中央分隔带现状有通信电缆等管线,11 号墩在高速公路中央分隔带有 6 根桩基,施工方拟委托高速公路管理有限公司进行管线迁移,在桥梁钻孔桩和下部构造施工结束后再恢复管线及中分带设施,满足要求。

③11 号墩桩基开挖时应尽可能减小开挖面积,避免损坏高速公路路基、路面。施工时尽量减少机械工具对高速公路路面的损坏,若发生损坏,施工结束后应对高速公路路面进行合理修复。

④施工在路面覆盖油布对路面进行保护,泥浆循环池采用 $2m \times 2m \times 1m$ 的钢板箱,用高压泥浆泵排送至路基外泥浆塘,符合要求。施工中应及时排除泥浆,防止泥浆外漏至高速公路行车道路面,以确保高速公路通行车辆安全。

⑤桥梁上部结构施工时必须采取相应的安保措施,确保架梁施工的安全实施。架桥机过孔安装箱梁采用全天候封闭半幅路面、半幅通行的方案,方案基本合理。

⑥桥上中分带内绿化应采取可靠措施,防止水土流出污染高速公路路面。

⑦施工使用机械应符合安全标准,操作人员应具有相关的职业资格证,施工操作需严格按照相应的规章制度进行,严令防止由于机械设备操作不当对高速公路正常运行产生影响。

⑧11 跨和 12 跨箱梁安装好后,进行接头、接缝和护栏施工时,接缝的模板组装需要在下方路面上进行,下方的行车道需短时封闭。附属设施施工期间在桥面上设置了防抛网,避免物体下落对高速公路行驶车辆造成伤害,满足要求。

⑨在进行夜间施工时,应加强施工现场的灯光以及交通标志、标牌的醒目度,灯光的

布置应合理,不应对行驶车辆造成眩光等影响。

⑩施工期间应派专人对施工区域进行巡查,严禁非施工人员进入现场,现场施工人员严禁进入正常运行的车道,以免造成交通事故。

(4)施工应急预案

①施工方案制订了详细的应急处理措施,包括遇到雨雾天气、发生交通事故、车辆发生故障影响交通、堵车等紧急情况。处理措施基本合理。

②雨雾天气在控制区两端设置红或黄色闪光警示灯、爆闪灯,除钻孔灌注桩外,其他分项工程不安排在雨、雾等恶劣天气时施工,满足要求。

③车辆发生故障无法驶离交通控制区域的,根据情况临时放置指示标志,引导车辆安全通行,满足要求。

(5)施工期交通组织方案

①大桥上跨高速公路段影响高速公路时间80d,因采用架梁机架设,施工工期需综合考虑其他桥跨施工、大桥桥跨多的因素,施工工期基本合理。

②标识、标牌设置:迎车行方向由远向施工区分别设置前方2000m、1600m、800m施工警告标志,在1600m和800m处设置减速带,在400m处安装爆闪灯,在改道转进处和中央分隔带前方来车20m处安装黄色警示灯。施工交通组织方案基本合理。

(6)运营期安保措施

①上跨高速公路桥梁在上跨段两孔设置了防落网,护网高度2m>1.8m,护网规格5cm×10cm,符合要求。

②上跨高速公路桥梁中分带及路侧护栏采用高1.2m的混凝土墙式护栏,符合要求。

③高速中分带防撞护栏维持现状,建议按提升一级设置。

④接线工程在上跨段11号墩立面设置了黑黄相间的标记,符合要求。

4.5.3　某220kV送电线路工程跨越某高速公路安全评估

1)工程概况

某220kV送电线路工程新建线路长15.470km,全线同塔双回路建设,其中19、20号跨越某高速公路。

某高速公路现状为双向四车道高速公路,路基宽度28.0m。

2）风险辨识及估计

设计和运营阶段的风险主要包括：

(1)送电线路的线形指标(平纵线形、交角等)不合理,将对被交道路的净空、交叉范围等方面产生影响,造成行车安全隐患。

(2)设计未考虑受影响道路的改扩建计划,造成今后改扩建工程受影响。

(3)杆塔自身结构的不安全,致使工程在施工或使用过程中由于结构本身质量安全问题引起坍塌及各种事故。

(4)杆塔、跨越架结构的防护措施(防串倒、标志设置)不到位,在杆塔结构出现倒塌时,直接引发高速公路交通事故。

施工阶段造成的风险主要包括：

(1)施工方案及技术措施的安全可靠性未经过论证、审核,会造成施工过程中工程质量得不到有效控制。

(2)架线施工期间无人指挥,造成盲目施工。

(3)恶劣条件下施工可能会造成结构破坏,高空起吊设备受到影响,引起设备坍塌事故。

(4)雨天施工会对现场设备材料造成腐蚀危害,增加带电设备漏电风险,从而造成人员触电事故。

(5)施工跨越架的位置及结构不合理,将直接影响高速公路的正常运营。

(6)架子工、测量人员等高空作业操作人员管理不善,未取得职业资格或进入施工现场未进行安全技术培训,施工作业过程中会造成触电、高空坠落、物体打击、人员伤害。

(7)作业施工光线不足,作业人员夜间施工、疲劳施工或违反程序赶工,会影响工程质量,从而影响结构使用寿命。

(8)施工期间被交路交通组织不合理,会导致被交路交通堵塞,容易发生安全事故。

(9)施工应急预案不完备,发生紧急事故时处理不当,抢救不及时,威胁人身和财产安全。

根据风险辨识过程中得出的可能存在的风险事故,结合本工程实际情况,设计和运营阶段最可能出现线形指标不合理、防串倒设计不到位造成的安全事故,施工阶段最可能出现起吊事故、坠落事故、交通组织不当等事故。

3）风险分析

根据以上对设计和施工阶段可能存在的各种风险事故进行综合汇总分析,并采用风险接受准则对其等级进行评定,风险评价要素评级见表4-8。

风险评价要素评级   表4-8

风险阶段	风险事故	发生概率	损失后果	风险等级
设计和运营阶段	送电线路线形指标不合理	二级	三级	三级
	设计未考虑受影响道路的改扩建计划	三级	二级	二级
	杆塔自身结构的不安全	二级	三级	三级
	杆塔结构的防护措施(防串倒、标志设置)不到位	三级	三级	三级
施工阶段	施工方案及技术措施的安全可靠性未经过论证	二级	三级	三级
	架线施工无人指挥	二级	三级	三级
	高空起吊设备坍塌事故	二级	三级	三级
	雨天施工触电事故	二级	三级	三级
	施工跨越架的位置及结构不合理	二级	三级	三级
	未取得职业资格或进入施工现场未进行安全技术培训,造成触电、高空坠落、物体打击、人员伤害	二级	三级	三级
	夜间施工、疲劳施工或违反程序赶工	二级	三级	三级
	施工期间被交路交通组织不合理	二级	三级	三级
	施工应急预案不完备,发生紧急事故时处理不当	二级	二级	二级

4)风险控制措施

通过风险评价结果,对于风险等级较高的事故应采取一定的风险控制措施。

(1)设计和运营风险控制措施

①设计单位应编制完善的设计文件、地质勘察资料,并通过审查。

②电塔如采用通用型号,应对基础进行进一步验算。

③跨越处采用独立耐张塔,有效防串倒。

(2)施工风险控制措施

①施工单位应编制完整的施工方案、安全防护措施和应急预案。

②施工使用机械应符合安全标准,操作人员应具有相关的职业资格证,施工操作需严格按照相应的规章制度进行。

③及时了解气象信息,做好防台工作,大风、暴雨、雷雨以及浓雾等天气不得施工。

④施工作业人员未经过现场公安机关交通管理部门的同意,不得随意跨越高速公路护栏、穿越高速公路,严禁在公路上放置施工工器具,现场人员必须听从施工负责人统一指挥,施工负责人必须听从公安机关交通管理部门的指挥,并穿着统一的安全反光标志服。

5）安全评估分析

根据设计文件、施工方案以及风险分析,进行安全性评估。

(1)架空送电线路杆塔结构验算

①杆塔结构。

杆塔结构类型均为通用结构型号,杆塔主要结构采用 Q420 钢,其余采用 Q345、Q235B 级钢,符合电力行业标准《110kV～750kV 架空输电线路设计规范》(GB 50545—2010)中相关塔杆形式及结构材料的基本规定,满足规范要求。

②基础。

杆塔基础尺寸见表4-9,基础结构见图4-9。

杆塔基础尺寸　　　　　　　　　　　　　　　表 4-9

杆塔号	桩径 D(m)	桩长 H(m)
19 号	1.6	18.0
20 号	1.6	20.0

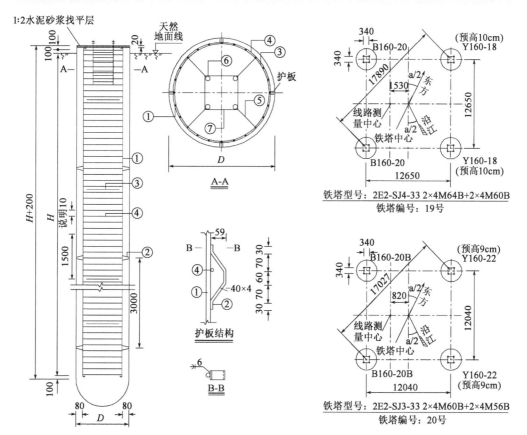

图 4-9　杆塔基础结构图(尺寸单位:mm)

地质资料见表4-10。

杆塔基础地质资料 表4-10

岩土层埋深(m)	岩土层名称	岩土状态	承载力允许值(kPa)	桩周土摩擦力极限值(kPa)	桩端土承载力极限值 f_{ak}(kPa)
0.00~0.80	素填土	松散~稍密	60	—	—
0.80~2.50	粉土	中密	125	28	—
2.50~5.80	粉土夹黏土	稍密	120	26	—
5.80~13.30	粉砂夹粉土	稍密	145	36	450
13.30~19.00	粉砂夹粉土	中密	175	48	750
19.00~20.00	粉砂	稍密	140	34	400

a. 桩基下压承载力验算。

19号杆塔基础：

$$R = Q_{sk}/\gamma_s + Q_{pk}/\gamma_p = 2988\text{kN}$$

$$N = 2037\text{kN} \leqslant R$$

20号杆塔基础：

$$R = Q_{sk}/\gamma_s + Q_{pk}/\gamma_p = 2735\text{kN}$$

$$N = 1687\text{kN} \leqslant R$$

式中：N——轴心竖向力作用下的竖向力设计值；

R——桩基中基桩的下压承载力设计值；

Q_{sk}、Q_{pk}——分别为单桩总极限侧阻力和总极限端阻力标准值；

γ_s、γ_p——桩侧阻抗力分项系数、桩端阻抗力分项系数。

通过以上计算，19号及20号塔杆基础竖向力设计值均小于承载力设计值，满足要求。

b. 上拔承载力验算。

19号杆塔基础：

$$U_k/\gamma_s + G_p = 2323\text{kN}$$

$$T = 1783\text{kN} \leqslant U_k/\gamma_s + G_p$$

20号杆塔基础：

$$U_k/\gamma_s + G_p = 2608\text{kN}$$

$$T = 1447\text{kN} \leqslant U_k/\gamma_s + G_p$$

式中：T——轴心竖向力作用下的上拔力设计值；

U_k——基桩抗拔极限承载力设计值；

γ_s——桩侧阻抗力分项系数；

G_p——单桩或基桩自重设计值。

通过以上计算,19 号及 20 号塔杆基础均满足上拔承载力满足要求。

c. 水平承载力验算。

19 号杆塔基础：

$$R_h = 0.75 \frac{\alpha^3 EI}{v_x} \chi_{oa} = 464.1 \text{kN}$$

$$H_{ik} = 329 \text{kN} \leqslant R_h$$

19 号杆塔基础：

$$R_h = 0.75 \frac{\alpha^3 EI}{v_x} \chi_{oa} = 466.1 \text{kN}$$

$$H_{ik} = 261 \text{kN} \leqslant R_h$$

式中：H_{ik}——在荷载标准组合下,作用于基桩 i 桩顶处的水平力；

R_h——单桩基础或群桩中基础的水平承载力特征值；

EI——桩身抗弯刚度；

χ_{oa}——桩顶允许水平位移；

α——桩顶变形系数；

v_x——桩顶水平位移系数。

通过以上计算,19 号及 20 号杆塔基础水平承载力均满足要求。

(2) 符合性检验

①线形。

本工程架空送电线路与高速公路交角为 85°,符合要求。

②杆塔防串倒。

本工程线路在跨越高速公路时,设计采用 19、20 号独立耐张段跨越高速公路,能有效防止杆塔倒塌形成的连续性破坏,保障高速公路运营安全。

③最小垂直净空。

本工程导线到路面的最小垂直距离为 23.41m,温度 +70℃ 时最小垂直距离为 22.41m。距离均大于规范规定,故满足跨越高速公路净空要求。

220kV 电力线与公路行道树之间的距离(指最大弧垂情况下的垂直距离),不应小于 4.5m,并且在设计时应考虑树木在剪修周期内生长的高度。本工程符合要求。

④最小水平净空。

19、20号铁塔基础距现状高速公路距离分别为105m和120m,考虑高速公路未来拓宽的需求,本工程水平净空也能满足不小于8m的要求。

⑤安全防护措施。

建议公路两侧的杆塔应设置"高压危险、禁止攀登"的警告标志。

(3)施工保障措施

①施工符合性。

本工程采取安全措施,确保临时设施的基础稳定,符合要求。

承力绳腾空后到临时支撑设施拆除期间,宜保证不对交通造成影响。本工程符合要求。

②施工安全措施。

a.及时了解气象信息做好防台工作,大风、暴雨、雷雨以及浓雾等天气不得施工。台风期间对跨越架加强巡视,增设补强拉线,必要时拆除跨越架。暴风雨过后应对跨越架进行全面检查,确认无误后方可施工。

b.跨越架体及各拉线应随时检查加固,放线、紧线时应设专人看守。

c.严禁高处抛物,上下传递工具、材料必须使用绝缘绳索。毛竹传递必须一根一根地竖直传递,严禁将没有使用过的毛竹浮搁在架体上,严禁随意乱扔,以免落入高速公路行车道。

d.跨越架搭好后,每天需对承力索与路面的最小垂直距离进行监测。若不符合安全距离要求,必须及时调整。

e.放线完毕后,应尽快拆除跨越架。拆除时,应上后下逐根拆除,一步一清。拆下的材料应有专人传递,不得向下抛扔,严禁上下同时搭拆或将跨越架整体放倒。

(4)施工应急预案

建议补充完善应急机制,确保施工突发情况的妥善处理。

(5)施工期交通组织方案

因高速公路行车速度快,需得到公安机关交通管理部门和交通综合执法机构的配合协助进行现场车辆秩序维护,在公安机关交通管理部门和交通综合执法机构的协助下,使车辆在施工地点的20m处停车,施工人员必须保证通信畅通。

高速公路车流量大,在采取禁止通行施工时,应选取车流量较小的时段进行作业,为了防止车辆排队过长以至于警示牌失去相应的警示作用,建议施工方与公安机关交通管理部门商议,适当增大警示段的长度。同时在匝道区域设置警示标志限制车辆的驶入驶出。

施工作业人员未经过现场公安机关交通管理部门的同意,不得随意跨越高速公路护栏、穿越高速公路,严禁在公路上放置施工工器具,现场人员必须听从施工负责人统一指挥,施工负责人必须听从公安机关交通管理部门的指挥,并穿着统一的安全反光标志服。

(6)运营期安保措施

运营单位应根据气候条件变化,如暑天、大风(雨雪)等情况,及时加强巡视和检测,并做好预防事故的措施。

第 5 章
CHAPTER 5

穿越式涉路行为安全评价

5.1 穿越式涉路行为特点

穿越式涉路工程是指从公路路面以下通过的涉路工程,主要包括铁路、公路、城市道路穿越,电力、通信等线缆穿越,石油、燃气、给排水等管道穿越,水利涵洞穿越,河道疏浚拓宽等。

相较于跨越式涉路行为,穿越式涉路行为在工程建成后基本不会降低公路的服务功能。且穿越式工程埋于公路路面下方,在运营期的安全风险较小,一旦破坏以后对公路车辆安全的影响小于跨越式涉路行为。对于公路高路堤及桥梁段,受公路净空限制,跨越工程的用地范围、规模及造价往往大于穿越工程。因此,近年来越来越多的涉路工程采用穿越的方式,穿越式涉路行为安全评价成为涉路行为安全评价中非常重要的一个组成部分。

穿越式涉路行为对公路的安全影响主要表现为对施工期的影响。这类工程的穿越位置、埋置深度、施工方法、施工时间、结构强度等,将影响公路路面、路基、桥墩及基础等结构和设施的安全。

不同类型的穿越式涉路行为有着不尽相同的特点,对公路结构设施及交通安全的影响也不同。根据穿越位置的不同,穿越式涉路行为可分为路基下穿越和桥孔下穿越两大类。

路基下穿越可能会引起路基的不均匀沉降或局部隆起,造成路面结构的破坏;严重时甚至引起路基的失稳,造成公路结构层的倾覆。根据开挖施工对公路路面结构的影响,路基下穿越可分为明挖施工和暗挖施工两大类。明挖施工在施工期会破坏公路面层,造成交通堵塞和中断,严重影响公路自身结构安全和交通安全。暗挖施工不破坏公路面层,施工时直接从路基或地基内穿越,基本不影响公路交通运营。

桥孔下穿越可能会引起地基的不均匀沉降,造成桥墩结构的水平或竖向位移,严重时造成桥墩的倾覆及上部结构的破坏。桥孔下穿越在施工时基本不影响桥面上公路交通的运营。

5.2 穿越式涉路行为分类

穿越式涉路行为涵盖的工程范围较广,行为特点及施工方法差别较大,根据不同的分类方法可分成多种不同的类型(图5-1),具体涉路行为应根据工程情况、性质和施工方法进行组合,综合分析。

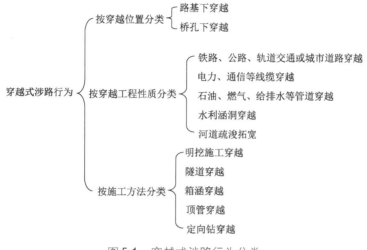

图 5-1　穿越式涉路行为分类

5.2.1　按穿越位置分类

1) 路基下穿越

穿越位置应尽可能避开石方区、路堑、高填方区、陡坡地段、潮湿地段或必须深挖才能穿越的地段。尽量避免从公路平交口、互通区、加油站等重要区域下方穿越。穿越设计前掌握穿越点处公路路基设计情况,避免破坏路基下的土工格栅、桩体、地下通道等地下结构和设施。

2) 桥孔下穿越

铁路、公路、轨道交通或城市道路下穿时,应从桥墩间距和桥下净高较大的桥孔穿越,以保证下穿道路(铁路)的净空符合要求;应保持桥墩及基础在新建道路路堤边坡坡脚之外。管线下穿时,应与桥墩及基础保持一定安全距离,挖深不宜太大。一般不在公路隧道下方穿越。

5.2.2　按穿越工程性质分类

1) 铁路、公路、轨道交通或城市道路穿越

近十年来,我国经济建设的发展对交通的需求日益高涨,新建的铁路、公路、轨道交通或城市道路日趋增多,不可避免地出现与既有公路形成立体交叉通行的状况。由于上跨公路受用地范围、城市规划以及工程造价等因素的制约,促进了这类穿越工程的发展。

从路基下穿越时,常采用暗挖隧道法、箱涵顶进法等进行施工。从桥孔下穿越时,若净空高度满足要求,尽量不采取下挖路堑方式,同时应尽量降低路堤高度,避免对桥墩及其周围覆土产生较大影响。

2)电力、通信等线缆穿越

从路基下穿越时,常采用顶管法或定向钻施工。从桥孔下穿越时,一般采用明挖法或定向钻施工。从互通区穿越时,宜采用定向钻技术进行施工。

高压电线原则上应从路基下穿越,但由于其不具爆炸、渗漏、腐蚀等性质,对公路设施不会产生直接破坏,因此若条件确实受到限制,经交通主管部门批准后可从桥孔下穿越。

3)石油、燃气、给排水等管道穿越

鉴于高速公路对国民经济发展的重要性及其交通量大、不允许中断交通等特性,同时考虑到原油、天然气输送管道的检查、养护与维修工作能正常进行,并不致影响公路运营与安全,因此,原油、天然气输送管道以及供水、污水、化工等管线与高速公路相交,应采用穿越方式。

从路基下穿越时,常采用顶管法或定向钻施工。桥孔下穿越一般采用明挖法或定向钻施工。从互通区穿越时,宜采用定向钻技术进行施工。

输油、输气管道属于输送危险物质的有压管道,除西气东输、川气东送等经有关部门批准的国家重大建设工程或供军事使用的工程外,非条件受限的情况下一般不得从桥下穿越。

4)水利涵洞穿越

对于南水北调等国家重点工程,可能需要采用大型涵洞穿越公路,穿越处常采用暗挖施工。

5)河道疏浚拓宽

当公路桥梁下的河道需要疏浚拓宽时,在拓浚段河道上原有的桥梁压缩了改造后的河床断面,往往需要拆除重建;平地开河段因原有道路阻断,需新建桥梁恢复交通。

5.2.3 按施工方法分类

1）明挖施工穿越

从路基下穿越时,除了管线穿越三级及三级以下公路外,穿越工程一般不得采用明挖施工。尤其对于新建的公路路面应避免开挖,新建、改建路面竣工三年内一般不得挖掘。冬季路面修复较为困难,故冬季不得进行明挖施工。

2）隧道穿越

国内以暗挖隧道形式下穿公路的工程项目不断增多,因施工措施不当等原因引起路面大量沉降甚至坍塌,造成交通中断的工程事故时有发生,造成巨大的经济损失和不良的社会影响。因此,隧道穿越面临的主要技术难题为既不影响既有道路通车,又要保证结构物施工的安全。目前,国内对于暗挖隧道的施工方法大多采用 CRD 法（交叉中隔墙法）。在浅埋软弱地层中进行隧道施工,因围岩的自稳能力差,常采用管棚法进行超前预支护或预加固处理。

3）箱涵穿越

箱涵穿越主要采用顶进法施工,其中管棚和盾构技术在顶进施工中广泛应用,箱涵两侧常用 U 形槽与两端路线相连接。在箱涵顶进期间,对公路产生的不利影响主要为沉降和路面横向位移。要保证顶进期间公路畅通,就必须严格控制沉降和横向位移。

4）顶管穿越

随着经济的发展,各类管道正处在大量建设之中,新建管道穿越公路的情况也越来越多,特别是在穿越高等级公路时,传统的明挖方法已不能适用。顶管穿越在非开挖技术中占据着重要的地位。顶管施工无须大规模开挖地面,大幅降低对环境及交通的影响,施工周期短,非常适用于中小型管道的非开挖铺设。

顶管法的施工原理是:在路的一侧挖工作坑,在工作坑内按管道设计深度、位置、管道外径挖洞,边挖边用千斤顶将管道逐节顶入洞内,直至顶管到设计长度为止。顶管引起地层形变的主要因素有:工具管开挖面引起的地层损失、工具管纠偏引起的地层损失、管道在顶进中与地层摩擦而引起的地层扰动。

5）定向钻穿越

定向钻技术先进，机械化程度高，施工工艺成熟，施工速度快，穿越深度较大，对穿越区域的影响较小，是近年来应用广泛的管线钻孔穿越方式。

定向钻穿越施工时，首先钻机被安装在入土点一侧，从入土点开始，沿着设计好的线路，钻一条从入土点到出土点的曲线，作为预扩孔和回拖管线的引导曲线。然后再钻导向孔，钻出的孔往往小于回拖管线的直径，需要用扩孔器从出土点开始向入土点将导向孔扩大至要求的直径。最后地下孔径经过预扩孔，达到了回拖要求之后，将钻杆、扩孔器、回拖活节、被安装管线依次连接好，从出土点开始，一边扩孔一边将管线回拖至入土点为止。

5.3 穿越式涉路行为评价内容

5.3.1 铁路、公路或城市道路、轨道交通穿越

铁路、公路或城市道路、轨道交通穿越公路时，涉路行为评价内容一般有：

(1)穿越段道路(铁路)设计指标符合性检验：位置、线形(平纵指标)、交叉角度、视距、净空、排水、交通安全措施等是否满足规范要求；设计方案是否满足未来公路拓宽改造的要求。

(2)验算新建道路(铁路)路基填挖后既有公路桥梁结构是否安全，或分析新建道路(铁路)隧道或箱涵结构施工对既有公路路基安全的影响，监测方案是否合理。

(3)采用隧道形式穿越时，应对穿越点地质评估；隧道设计选取的公路荷载、交叉方式、交叉角度、线形指标、上覆土层厚度、隧道净距、间距、上下行穿越方式、工作井、车站、联络通道及泵房等与公路建筑控制区的关系等是否满足规范要求。

(4)施工影响性分析：分析不同工况下施工对工程本身、公路及附属设施、桥梁和周边杆管线的影响情况(位移、变形、沉降、应力等)。

(5)施工保障措施：评价施工方案是否符合现场情况及相关规范的要求，施工区交通组织、安全保障措施和施工应急预案等是否合理。

(6)运营期安保措施：包括护栏、立面标记、限高架设置、检修空间等。

5.3.2　电力、通信等线缆穿越

电力、通信等线缆穿越公路时,涉路行为评价内容一般有:

(1)穿越点地质评估。

(2)设计方案符合性检验:穿越平面位置(交叉角度、与路基下桩基、地下通道等地下设施或桥孔下桥墩及基础的平面距离等)、管道埋深(覆土厚度、与地下设施的纵面位置关系等)、管道结构强度等是否满足规范要求;设计方案是否满足未来公路拓宽改造的要求。

(3)验算施工对公路桥梁桩基、路基路面沉降的影响。

(4)施工方案可能存在的问题及对策:评价施工方案是否符合现场情况及相关规范的要求,加固方案、监测方案是否合理,施工区交通组织、安全保障措施和施工应急预案等是否合理。

(5)运营期安保措施:包括桥下空间、公路路基路面及边坡恢复,警示标志设置,管线两段的应急设施设置。

5.3.3　石油、燃气、给排水等管道穿越

石油、燃气、给排水等管道穿越公路时,涉路行为评价内容一般有:

(1)穿越点地质评估。

(2)设计方案符合性检验:穿越平面位置(交叉角度、与路基下桩基、地下通道等地下设施或桥孔下桥墩及基础的平面距离等)、管道埋深(覆土厚度、与地下设施的纵面位置关系等)、管道结构强度等是否满足规范要求;设计方案是否满足未来公路拓宽改造的要求。

(3)验算施工对公路桥梁桩基、路基路面沉降的影响。

(4)施工方案可能存在的问题及对策:评价施工方案是否符合现场情况及相关规范的要求,施工区交通组织、安全保障措施和施工应急预案等是否合理。

(5)运营期安保措施。包括桥下空间、公路路基路面及边坡恢复,警示标志设置,管线两段的应急设施设置。

5.3.4　水利涵洞穿越

水利涵洞穿越公路时,涉路行为评价内容一般有:

(1)涵洞设计方案符合性检验:位置、交叉角度、净空高度、与路基下桩基、地下通道等地下设施的距离等是否满足规范要求。

(2)分析新建涵洞结构施工对原公路路基安全的影响,监测方案是否合理。

(3)施工保障措施:评价施工方案是否符合现场情况及相关规范的要求,施工区交通组织、安全保障措施和施工应急预案等是否合理。

(4)运营期安保措施。

5.3.5 河道疏浚拓宽

公路桥下河道疏浚拓宽时,涉路行为评价内容一般有:

(1)边坡稳定验算:采用规范规定路堤稳定性分析的方法,计算边坡在开挖各阶段的整体及滑动稳定系数。

(2)全桥桩基承载能力验算:计算开挖后桥台以及桥墩桩基在正常使用极限状态荷载作用下的桩顶位移、地基承载力,在承载能力极限状态荷载作用下的桩基受弯、受压承载力,验算以上是否满足要求,监测方案是否合理。

(3)施工保障措施:评价施工方案是否符合现场情况及相关规范的要求,施工区交通组织、安全保障措施和施工应急预案等是否合理。

(4)运营期安保措施。

5.4 穿越式涉路行为安全影响分析

5.4.1 铁路、公路或城市道路、轨道交通穿越

1)道路设计指标影响分析

(1)位置

对新建铁路、公路或城市道路穿越既有公路位置的合理性进行分析。

《公路路线设计规范》(JTG D20—2017)第12.2.5条中第1款规定:公路与铁路立体交叉宜选在双方线形均为直线的地段,或平、纵线形技术指标高且通视良好的地段。

(2)下穿道路(铁路)线形指标

核查下穿处的平面线形指标和纵断面线形指标是否符合相关规范的要求,确保下穿处道路(铁路)的行车安全。

《公路路线设计规范》(JTG D20—2017)第11.7.3条中第1~3款规定:主要公路的平、纵面线形应保持直捷、顺适。两相交公路不得因增设分离式立体交叉而使平、纵面线形过于弯曲、起伏。两相交公路以正交或接近正交为宜,且交叉附近平面线形宜为直线或不设超高的大半径曲线。高速公路、一级公路同二级、三级、四级公路相交而采用分离式立交时,被交公路的线形、线位应充分利用。当交叉角过小或原线形技术指标过低时应采用改线方案。

(3)交叉角度

对立体交叉的交角进行核查。

《公路路线设计规范》(JTG D20—2017)第12.2.5条中第2款规定:公路与铁路立体交叉,以正交为宜。受地形条件或其他特殊情况限制必须斜交时,应结合公路、铁路的线形条件,尽量设置较大的交叉角度。

《公路路线设计规范》(JTG D20—2017)第11.7.3条中第2款规定:两相交公路以正交或接近正交为宜,且交叉附近平面线形宜为直线或不设超高的大半径曲线。

(4)视距

对下穿公路或城市道路及既有公路的视距进行核查。

《公路路线设计规范》(JTG D20—2017)第12.2.5条中第6款规定:公路与铁路立体交叉范围内的公路视距要求为:高速公路、一级公路应满足停车视距;二级、三级、四级公路应满足会车视距。

《公路路线设计规范》(JTG D20—2017)第11.7.6条中第3款规定:跨线桥的桥长和布孔必须满足主要公路或高速公路的建筑限界、视距和对前方公路识别、通视的要求。

《公路工程技术标准》(JTG B01—2014)第9.2.5条规定:公路与公路立体交叉跨线桥桥下净空应符合本标准第3.6.1条的规定,并应满足桥下公路的视距要求,其结构形式应与周围环境相协调。

(5)净空

对下穿道路(铁路)的净空进行核查。

《公路工程技术标准》(JTG B01—2014)第9.3.4条规定:铁路穿越公路下方时,公路跨线桥下净空应符合现行铁路净空限界标准的规定。

《公路路线设计规范》(JTG D20—2017)第12.2.6条中第1、5款规定:公路跨线桥的跨径与净高必须符合1435mm标准轨铁路建筑限界的规定。四车道及其以上的公路上跨铁路时,考虑到公路、铁路弯、坡、斜及超高等因素,应对跨线桥的四个周边的铁路建筑限界予以检核。

(6)穿越点地质评估

对隧道穿越点进行地质核查。核查穿越处的土层情况和场地稳定性(有无断层及断层活动,有无可液化砂土、强震区等不良地质分布),判断地质条件是否适合进行隧道穿越。

(7)荷载

核查涉路点处隧道衬砌等结构设计是否满足远期规划公路荷载的要求。

《地铁设计规范》(GB 50157—2013)第11.2.8条规定:在道路下方的隧道,应按现行《公路桥涵设计通用规范》(JTG D60)的有关规定确定地面车辆荷载及排列;铁路下方隧道的荷载,应按现行行业标准《铁路桥涵设计基本规范》(TB 10002.1)的有关规定执行。

(8)上覆土层厚度

核查隧道覆土厚度是否满足相关规范要求,覆土厚度应根据穿越处公路形式(路基段、路堑段、桥梁段)、公路路基处理方式(是否存在预制桩、搅拌桩等加固措施)等因素综合确定,通常可取隧道衬砌顶面至公路基准面(地面、公路路基底面最低者)作为覆土厚度。

《地铁设计规范》(GB 50157—2013)第11.1.12条规定:地下结构应结合施工方法、结构形式、断面大小、工程地质、水文地质及环境条件等因素,合理确定其埋置深度及与相邻隧道之间的距离。当无法满足时,应结合隧道所处的工程地质、水文地质和环境条件进行分析,必要时应采取相应的措施:

①盾构法施工的区间隧道覆土厚度不宜小于隧道外轮廓直径;
②盾构法施工的并行隧道间的净距,不宜小于隧道外轮廓直径;
③矿山法区间隧道最小覆土厚度不宜小于隧道开挖宽度的1倍;
④矿山法车站隧道的最小覆土厚度不宜小于6~8m。

(9)隧道净距、间距

核查隧道间最小净距是否满足相关规范要求。核查隧道与桩基、公路控制区附近油气管线间距是否满足相关规范要求。

《地铁设计规范》(GB 50157—2013)第11.1.12条规定:盾构法施工的并行隧道间的净距,不宜小于隧道外轮廓直径。

《铁路隧道盾构法技术规程》(TB 10181—2017)第5.1.3条规定:相邻盾构法隧道

净距应根据工程地质条件、隧道埋深、盾构类型等因素综合确定,一般不小于隧道外轮廓直径,当小于隧道外轮廓直径时,应做评估。

《交通运输部 国家能源局 国家安全监管总局关于规范公路桥梁与石油天然气管道交叉工程管理的通知》(交公路发〔2015〕36号)第二条规定:油气管道与两侧桥墩(台)的水平净距不应小于5m。

《公路与市政工程下穿高速铁路技术规程》(TB 10182—2017)第8.0.8条规定:隧道位于良好地层时,隧道结构与高速铁路桥梁基桩的最小净距不宜小于1.0倍隧道宽度;不满足要求时,应采取隔离桩防护措施。

《公路桥涵地基基础与设计规范》(JTG 3363—2019)第6.2.6条规定:桩的布置和中距应符合下列规定:钻孔桩中距不应小于桩径的2.5倍。一般情况下,隧道与桩基础的安全距离可按1.0倍隧道宽度控制。

(10)隧道上下行穿越方式

核查双洞隧道穿越公路桥梁的方式,并评价其对公路的影响。

《公路与市政工程下穿高速铁路技术规程》(TB 10182—2017)第8.0.3条规定:隧道宜采用较小断面。双洞隧道不宜在高速铁路桥梁同跨穿越。

(11)工作井、车站、联络通道及泵房等与公路建筑控制区的关系

考虑公路远期扩容后,车站和工作井、联络通道、泵房等附属结构物是否处在公路建筑控制区范围内,并评价其对公路的影响。

《公路与市政工程下穿高速铁路技术规程》(TB 10182—2017)第8.0.4条规定:隧道的工作井、联络通道及泵房不应设置在高速铁路安全保护区内。当设置于高速铁路影响区内时,应采取可靠措施确保高速铁路安全。

(12)排水

对下穿道路(铁路)及既有公路的排水进行核查。

《公路路线设计规范》(JTG D20—2017)第12.2.6条中第4款规定:公路跨线桥及引道的排水系统应自成体系。跨线桥桥面雨水不得直接排至铁路建筑限界范围内。

《铁路线路设计规范》(GB 50090—2006)第5.1.5条规定:立体交叉范围内应设置完整通畅的排水系统。

《公路路线设计规范》(JTG D20—2017)第11.7.3条中第4款规定:分离式立体交叉跨线桥的桥面雨水,应通过管道引至桥下公路的排水沟,不得散排至桥下公路路面。跨线桥桥下公路的排水宜采用自流排水。

《公路排水设计规范》(JTG TD33—2012)第7.4.3条规定:在上跨构造物范围内的

下穿道路最小纵坡不宜小于0.3%,纵断面的最低点宜布置在洞口外。

《公路排水设计规范》(JTG TD33—2012)第7.4.4条规定:排水条件不良时,应在纵断面最低点处设置排水沟或地下排水管将水引排到邻近的低地、水沟或蒸发池、渗透池。有条件时,可在最低点处设置集水井。

《公路排水设计规范》(JTG TD33—2012)第7.4.6条规定:平原区当地下水位较高且下挖段汇集的水无法及时排出时,可采用水泵应急排水,水泵的型号应按排水量和扬程的要求选择。重要的下穿道路,宜设置用于应急排水的泵站。下穿道路两侧的地下水应采取封闭措施。

(13)交通安全措施

对下穿道路(铁路)及既有公路的交通安全措施进行核查。

《公路路线设计规范》(JTG D20—2017)第12.2.6条中第6款规定:公路跨越铁路时,其公路跨线桥应设防撞护栏和防落网。

《铁路线路设计规范》(GB 50090—2006)第5.1.6条规定:铁路与道路立交的铁路桥或道路桥上两侧应设置安全防护设施。

《公路路线设计规范》(JTG D20—2017)第11.7.6条中第8款规定:主要公路或高速公路下穿时,主要公路为高速公路或一级公路时;跨线桥必须设置防撞护栏和防护网。跨线桥上悬挂交通标志时,不宜采用通栏式的,且上、下边缘不得超出护栏顶部和边梁外缘底线。

《公路交通安全设施设计规范》(JTG D81—2017)第9.2.1条规定:上跨饮用水水源保护区、铁路、高速公路、需要控制出入的一级公路的车行或人行构造物两侧均应设置防落物网。公路跨越通航河流、交通量较大的其他公路时,应设置防落物网。需要设置防落物网的桥梁采用分离式结构时,应在桥梁内侧设置防落物网。防落物网应进行防腐和防雷接地处理,防雷接地的电阻应小于10Ω。防落物网的设置范围为下穿铁路、公路等被保护区的宽度(当上跨构造物与下穿公路斜交时,应取斜交宽度)并各向路外分别延长$10\sim20m$,其中上跨铁路的防落物网的设置范围还应符合铁路部门的有关规定。

(14)既有公路拓宽改造要求

道路(铁路)下穿的设计方案,应满足既有公路未来拓宽改造的要求。

《公路路线设计规范》(JTG D20—2017)第11.7.3条中第3款规定:被交公路的等级、路基宽度、桥梁净宽、净高及车辆荷载等级等技术指标,应按被交公路现状或已批准的规划公路技术等级设计。

《公路路线设计规范》(JTG D20—2017)第11.7.6条中第2款规定:主要公路或高

速公路下穿时,被交公路的等级、路基宽度、车辆荷载等级应按现状或已批准的规划设计。

2)施工安全影响分析

(1)结构安全验算

新建道路(铁路)路基填土或开挖后,既有公路桥梁结构的受力和位移将受到一定影响,应对桥梁结构的安全进行验算。计算填土或开挖后桥墩地基或基础竖向承载力、正常使用极限状态荷载作用下的桩顶位移或沉降,在承载能力极限状态荷载作用下的桩基受弯、受压承载力。

从路基下穿越时,应分析新建道路(铁路)隧道或箱涵结构施工对既有公路路基安全的影响,监测方案是否合理。

(2)施工方案及保障措施

评价施工方案是否符合现场情况及相关规范的要求,施工区交通组织、安全保障措施和施工应急预案等是否合理。

一般来说,桥下施工时严禁大范围开挖土体,施工使用机械应符合安全标准,操作人员应具有相关的职业资格证书。应选择合理的地基处理方案及路基填筑方案,施工时减少对桥墩周围土层的扰动。施工场地应设明显的安全警戒线,夜间施工时应设醒目的标志灯,施工现场灯光必须严格规范布置,以免对上部公路的行驶车辆造成眩光等影响。施工时做好现场的排水工作,防止现场产生积水而影响原有结构的安全。

(3)运营期安保措施

雨季对下穿路段的排水设施进行检查,保证排水通畅及道路(铁路)运行安全。核查桥墩是否设置了防撞设施,是否有限高标志。是否设置沉降观测设施,定期观测,确保上部公路的安全运营。

5.4.2 电力、通信等线缆及石油、燃气、给排水管道穿越

1)管道设计指标影响分析

(1)穿越点地质评估

根据地质资料,核查穿越处的土层情况和场地稳定性(有无断层及断层活动,有无可液化砂土、强震区等不良地质分布),判断地质条件是否适合进行管道穿越。

(2)交叉角度

核查管道与公路的交叉角度。

《公路工程技术标准》(JTG B01—2014)第9.5.3条规定:原油管道、天然气输送管道与公路相交叉时,宜为正交;必须斜交时,交叉角度应大于30°。

《公路路线设计规范》(JTG D20—2017)第12.5.5条规定:公路与油气输送管道相交时,以正交为宜。必须斜交时,其交叉的锐角不宜小于30°。

《油气输送管道穿越工程设计规范》(GB 50423—2013)第7.1.2条规定:油气管道与公路、铁路宜垂直交叉在特殊情况下,交角不宜小于30°。油气管道与公路、铁路桥梁交叉时,在对管道采取防护措施后,交叉角可小于30°,防护长度应满足公路、铁路用地范围以外3m的要求。

《城市工程管线综合规划规范》(GB 50289—2016)第4.1.7条规定:工程管线与铁路、公路交叉时宜采用垂直交叉方式布置;受条件限制时,其交叉角宜大于60°。

《交通运输部 国家能源局 国家安全监管总局关于规范公路桥梁与石油天然气管道交叉工程管理的通知》(交公路发〔2015〕36号)规定:油气管道从公路桥梁自然地面以下空间穿越时,交叉角度以垂直为宜。必须斜交时,应不小于30°。

(3)与路基下设施或桥墩的平面距离

从路基下穿越时,核查管道与路基下桩基、地下通道等地下设施的平面距离。从桥孔下穿越时,核查管道与桥墩及基础的平面距离。

《交通运输部 国家能源局 国家安全监管总局关于规范公路桥梁与石油天然气管道交叉工程管理的通知》(交公路发〔2015〕36号)规定:油气管道与两侧桥墩(台)的水平净距不应小于5m。其他设施专用管道以及电缆穿越公路桥下空间的问题,可参照本通知规定执行。

(4)管道埋深

核查管道的覆土厚度是否满足规范要求。管线穿越时的覆土厚度应根据公路等级、管道尺寸、管道材质和输送物质的性质来确定。一般而言,高等级公路因荷载较大,埋深要求较高;管径越大,埋深越大。

《公路路线设计规范》(JTG D20—2017)第12.5.7条规定:穿越公路的保护套管其顶面距路面底基层的底面应不小于1.0m。

《油气输送管道穿越工程设计规范》(GB 50423—2013)第7.1.9条规定:油气管道穿越公路时,套管顶部最小覆盖层厚度距公路路面不小于1.2m,距公路边沟底面不小于1.0m。油气管道穿越铁路时,套管顶部最小覆盖层厚度距铁路路肩不小于1.7m,距自然地面或者边沟不小于1.0m。

《给水排水工程顶管技术规程》(CECS 246—2008)第5.4.1条规定:管顶覆盖层厚度在不稳定土层中宜大于管道外径的1.5倍,并应大于1.5m。

《水平定向钻法管道穿越工程技术规程》(CECS 382—2014)第5.3.7条规定:水平定向钻穿越公路、铁路、地面建筑物时,最小覆土深度应符合各自行业标准的要求未采取措施对上覆土层进行处理时,最小覆土厚度应大于管道管径5~6倍。

核查管道与路基下桩基、地下通道等地下设施的纵面位置关系,避免管道施工时破坏路基下的地下设施。

(5)管道强度

对穿越公路的管道实际最大荷载进行计算,具体计算方法可参考《钢质管道穿越铁路和公路推荐作法》(SY/T 0325—2001)等石油行业规范。

(6)既有公路拓宽改造要求

管道设计方案应满足既有公路未来拓宽改造的要求。管道穿越时的出入土点应位于公路未来拓宽后坡脚及边沟之外。对于加套管的管道,套管设计长度要满足伸出未来拓宽后路堤坡脚、路边沟外边缘不小于2m的要求。

2)施工安全影响分析

(1)施工方案及保障措施

评价施工方案是否符合现场情况及相关规范的要求,施工区交通组织、安全保障措施和施工应急预案等是否合理。

为防止穿越段管道与现有管道发生冲突,施工前应探明穿越段其他管线埋置情况。施工时严格按照现场踏勘的实际情况确定穿越位置,保证穿越位置与桥墩之间的距离大于安全距离。核查管道焊接和管道防腐措施是否满足要求。桥下开挖施工时,尽量做到开挖位置距桥墩的距离最大化,开挖深度最小化。开挖回填应一气呵成,以免土方塌方而危害桥墩的安全;在特别易产生塌方现象的地方应采取支护措施,对开挖面进行加固,从而保证桥梁的安全。顶管施工时,为避免降水对路基产生影响,优先采用无须降水的机械式顶管施工。定向钻施工时,采取必要的防塌孔措施。施工过程中设置沉降观测点,并加强观测,一旦发现问题立即停止施工,并采取补救措施。施工期间设置交通管理标志标识,确保高速公路的通行及施工人员的人身安全。

(2)运营期安保措施

输气管道实施管理方需确保管道运营过程中阀室的有效运行。管道穿越工程完成后,应在穿越工程管道埋设处设置保护标志,以起到提醒、示意及保护作用,运营过程中应有相关人员定期巡检。管道穿越工程完成后,穿越路基段在后期地基会产生少量不均匀沉降,高速公路路面可能会出现局部裂缝。一旦发现此类情况,由管道实施管理方负责及时对路面进行修复处理。

5.5 穿越式涉路行为案例

5.5.1 某旅游公路下穿某高速公路桥梁安全性评估

1)工程概况

某旅游公路工程全长3.5km,采用二级公路建设标准,设计速度采用60km/h。路基宽度采用12.0m,路面宽度采用8.5m,其中:行车道宽2×3.5m,硬路肩宽2×0.75m,土路肩宽2×1.75m。

其中一段需要下穿某高速公路某桥梁,桥梁全桥跨径布置为13×20m,桥梁全长266.016m。上部结构采用部分预应力混凝土连续箱梁,下部结构采用柱式台,桥墩采用柱式墩,基础均为桩基础,桥墩直径1.2m。平面位于 $R=7000m$ 的左偏圆曲线上。

既有桥梁主要设计指标:设计荷载:汽车—超20级;挂车—120;路基宽度:28m;设计洪水频率:1/300(1/100);地震基本烈度:Ⅶ度。

由于桥下净空不足,设计方案中下穿高速公路段采用U形槽形式。U形槽为钢筋混凝土结构,混凝土采用C30。

U形槽长期处于地下水的环境中,U形槽两外侧壁及内侧底板采取防水措施,抗渗等级为W6级,U形槽的两外侧壁及内侧底板涂渗透结晶型防水材料,底板下铺膨润土防水毯。路面高程大于常水位的路段采用石砌挡土墙防护边坡,小于常水位的路段采用U形槽,以防止地下水侵害路面结构层。

在高速公路桥梁下方采用沉井法施工,沉井采用排水下沉,每块沉井长度为20m。先施工沉井,再施工相邻两侧U形槽,由于地下水位较高,且沉井采用排水下沉,施工范围内进行轻型井点降水。

下穿桥梁段路基右侧沿桥台锥坡坡脚线外侧5m做两排高压旋喷桩,桩长18m。路基左侧靠近高速公路桥墩一侧,采用单排 φ10cm 塑料管灌浆加固桥墩土体,对桥梁墩台进行防护。

下穿段路面降水通过漫流进入路面边缘集水井,通过钢筋混凝土排水管连至路线检查井,再通过钢筋混凝土排水管汇入泵房,最后经泵房集中排出。

2)风险辨识及估计

设计和运营阶段的风险主要包括:

(1)下穿道路线形指标,将对视距、净空、排水等方面产生影响,不合理设置会带来行车安全隐患。

(2)上跨段桥梁排水系统未改造,运营期产生的污染物(桥面排水)会直接对桥下道路产生安全及污染影响。

(3)跨线桥防护措施不到位,下穿道路的行驶车辆发生交通事故,可能会撞击到高速公路桥梁的桥墩。

施工阶段造成的风险主要包括:

(1)施工方案及技术措施的安全可靠性未经过论证、审核,会造成施工过程中工程质量得不到有效控制。

(2)下穿道路施工时,开挖或堆载可能会造成公路桥墩(桥台)的桩基承载力不满足要求。

(3)沉井及旋喷桩施工可能会破坏公路桥梁的下部结构。

(4)下穿施工可能造成公路桥梁的桥墩沉降。

(5)雨天施工会对现场设备材料造成腐蚀危害,增加带电设备漏电风险,从而造成人员触电事故。

(6)电工、电焊工、起重工、架子工、测量人员等高空作业操作人员管理不善,未取得职业资格或进入施工现场未进行安全技术培训,施工作业过程中会造成触电、高空坠落、物体打击、人员伤害。

(7)夜间施工的灯光可能对公路行驶的车辆造成炫目。

(8)施工应急预案不完备,发生紧急事故时处理不当,抢救不及时,会造成人身和财产安全。

根据风险辨识过程中得出的可能存在的风险事故,结合本工程实际情况,设计和运营阶段最可能出现线形指标不合理、下穿道路上车辆撞击桥墩造成安全事故,施工阶段最可能出现超挖或堆载造成公路桥墩(桥台)的桩基承载力不满足要求,桥墩沉降等事故。

3）风险分析

根据以上对设计和施工阶段可能存在的各种风险事故进行综合汇总分析,并采用风险接受准则对其等级进行评定,风险评价要素评级见表 5-1。

风险评价要素评级 表 5-1

风险阶段	风险事故	发生概率	损失后果	风险等级
设计和运营阶段	下穿道路线形指标不合理	二级	三级	三级
	上跨桥运营产生的污染物直排桥下	三级	二级	二级
	跨线桥防护措施不到位	三级	三级	三级
施工阶段	施工方案及技术措施的安全可靠性未经过论证	二级	三级	三级
	开挖或堆载造成公路桥墩(桥台)的桩基承载力不足	三级	三级	三级
	沉井及旋喷桩施工破坏公路桥梁的下部结构	二级	三级	三级
	下穿施工造成公路桥梁的桥墩沉降	三级	三级	三级
	雨天施工触电事故	二级	三级	三级
	未取得职业资格或进入施工现场未进行安全技术培训,造成触电、高空坠落、物体打击、人员伤害	二级	三级	三级
	夜间施工的灯光对公路行驶的车辆造成炫目	三级	二级	二级
	施工应急预案不完备,发生紧急事故时处理不当	二级	二级	二级

4）风险控制措施

通过风险评价结果,对于风险等级较高的事故应采取一定的风险控制措施。

（1）设计和运营风险控制措施

①设计单位应编制完善的设计文件、地质勘察资料,并通过审查。

②设计时应验算开挖后桥梁的承载能力。

③上跨桥的排水措施应进行改造。

④上跨桥相应位置应设置符合规范要求的防抛网。

⑤上跨桥桥墩应设置防撞设施、限高标志等。

（2）施工风险控制措施

①施工单位应编制完整的施工方案、安全防护措施和应急预案。

②施工使用机械应符合安全标准,操作人员应具有相关的职业资格证,施工操作需

严格按照相应的规章制度进行。

③开挖施工期间应严格控制开挖深度,并结合沉降观测措施对施工过程进行监控。

④在进行夜间施工时,应加强施工现场的灯光以及交通标志、标牌的醒目度,灯光的布置应合理,不应对行驶车辆造成眩光等影响。

⑤施工期间应派专人对施工区域进行巡查,严禁非施工人员进入现场,现场施工人员严禁进入上跨桥正常运行的车道,以免造成交通事故。

5）安全性评估

根据设计文件、施工方案以及风险估计,进行安全性评估。

(1)道路指标符合性检验

①线形(平纵指标)。

被交路与高速公路采用下穿式立体交叉,满足规范要求。

下穿段平面位于半径300m的圆缓—缓直段,缓直段后接半径为428.907m的直缓段,平曲线半径满足规范要求。

凸形竖曲线最小半径5000m≥2000m,凹形竖曲线最小半径3000m≥1500m,满足规范要求。

路线最大纵坡为1.831%≤6%,最小坡长150m≥150m,满足规范要求。

②交叉角度。

下穿道路与高速公路桥梁的交角为90°,满足规范要求。

③视距。

下穿道路在高速公路桥梁处的视距满足规范要求。

④净空。

本工程下穿桥梁第13孔,设计文件高速公路桥下净高为:下穿段终点处路线净高5.3m＞5m,考虑高速公路未来拓宽后净高为5.1m,净空高度满足要求。公路路基边缘距12号桥墩盖梁0.95m,距13号台前锥坡2.83m,净宽满足规范要求。

⑤排水。

根据设计文件:对高速公路桥面水进行集中收集后排至路基两侧排水沟内。此项设计符合要求。

本工程在下穿段的路线纵坡为2.33%,纵断面最低点在K1+580位于桥梁外侧,满足规范要求。

该段路面排水通过在 U 形槽下埋设 $\phi 100$cm 横向排水管,将水排至路基右侧的检查井中,通过泵站抽水排至路基外侧的排水沟中,满足规范要求。

高速公路现有排水沟断面尺寸为底宽 0.6m、深 1.0m、顶宽 2.6m,设计排水沟断面尺寸为底宽 1.0m、深 1.5m、顶宽 4.0m,满足排水要求。

⑥安全防护措施。

经核查:高速公路桥梁没有设置桥梁护网,建议委托单位与交通主管部门协商沟通,对下穿处桥梁设置护网,护网规格应满足相关规范规定。

本工程道路虽为二级道路,但车流量较大,建议在下穿处 U 形槽侧墙的端面设置立面警示标记。

(2)桥梁结构验算

为保证下挖施工对原有高速公路桥梁结构不产生破坏,需要对桥梁结构进行安全性验算。

①桥台桩基承载能力验算。

在进行桩基承载能力验算时,不考虑高压旋喷桩加固对桥台的影响,桥台桩基承受的土压力计算高度为开挖后的地面至桥台台后填土表面的高度,地面处桩基荷载计算结果见表 5-2。

地面处 13 号台桩基荷载计算结果　　　　表 5-2

台号	荷载	恒载	汽车荷载	摩阻力	台后土压力	台前土压力	正常使用极限状态	承载力极限状态
13 号台	竖向	3789	2433				6807.5	8286.1
	水平			311.1	843.6	-218.7	936.0	1310.3
	弯矩	-814.6	-523.1	1633.3	4492.5	-619.7	3383.0	5003.8

注:表中单位为 kN 或 kN·m。

计算结果见表 5-3 或图 5-2。

13 号台桩基承载力结果　　　　表 5-3

桩基长度	26.00m	台底距地面线高度	6.25m
地面处水平位移	6.403×10^{-3}m	转角	-1.758×10^{-3}rad
最大弯矩深度	2.8m	偏心距增大系数	1
桩底实际承载力	2.508×10^3kN	桩底容许承载力	4.288×10^3kN
截面弯矩最大值	2.094×10^3kN·m	截面轴力最大值	2.754×10^3kN
截面弯矩抗力	4.838×10^3kN·m	截面轴力抗力	6.080×10^3kN

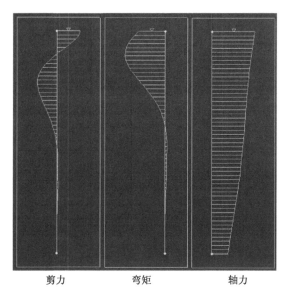

图 5-2　13 号台桩基计算内力沿桩长分布图

经验算：

13 号台桩基地面处水平位移 6.41mm < 10mm，台底水平位移 1.739cm < $0.5\sqrt{L}$ = 2.550cm，满足要求；桩底实际承载力 2508kN < 桩底容许承载力 4288kN，地基承载力满足要求；实际弯矩最大值 2094kN·m < 弯矩抗力值 4838kN·m，实际轴力最大值 2754kN < 轴力抗力 6080kN，桩基受弯、受压承载力满足要求。

②桥墩桩基承载力验算。

12 号墩经开挖后对桩基产生水平土压力，在承载力验算时，不考虑高压旋喷桩的影响，桩基受到的侧向土压力计算高度为开挖的高度，桥墩桩基荷载计算结果见表 5-4。

地面处 12 号墩桩基荷载计算结果　　　表 5-4

墩号	荷载	恒载	汽车荷载（含冲击）	制动力	土压力	正常使用极限状态	承载力极限状态
12 号墩	竖向	2652.3	1472.4			4218.8	5169.5
	水平			46.2	30.5	76.7	101.3
	弯矩			184.8	50.8	235.6	319.7

注：表中单位为 kN 或 kN·m。

计算结果见图 5-3 和表 5-5。

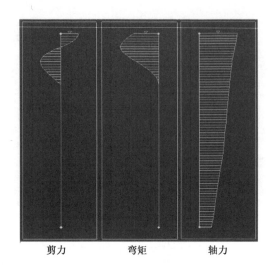

图 5-3　12 号墩桩基内力沿桩长分布图

12 号墩桩基承载力结果　　　　　　　　　　　　　　　　　表 5-5

桩基长度	32.0m	桩顶距地面线高度	1.25m
地面处水平位移	1.732×10^{-3}m	转角	-4.564×10^{-3}rad
最大弯矩深度	3.1m	偏心距增大系数	1
桩底实际承载力	4.538×10^{3}kN	桩底容许承载力	6.044×10^{3}kN
截面弯矩最大值	5.086×10^{2}kN·m	截面轴力最大值	5.170×10^{3}kN
截面弯矩抗力	2.084×10^{3}kN·m	截面轴力抗力	2.055×10^{4}kN

经验算,12 号墩桩基地面处水平位移 1.732mm＜10mm,桩顶水平位移 0.744cm＜$0.5\sqrt{L}=2.828$cm,满足要求;桩底实际承载力 4538kN＜桩底容许承载力 6044kN,地基承载力满足要求;实际弯矩最大值 508.6kN·m＜弯矩抗力值 2084kN·m,实际轴力最大值 5170kN＜轴力抗力 20550kN,桩基受弯、受压承载力满足要求。

（3）桥梁结构保护措施

①原设计桥墩处采用了打设一排桩长 9m 的 ϕ60cm 高压旋喷桩进行加固,旋喷桩距桥墩桩基最近距离不足 50cm,高压旋喷桩由于其施工的特性会导致桥墩桩基周围土体丧失大部分的侧摩阻力,对于桩基的承载能力产生较大的影响。后调整为路基左侧靠近高速公路桥墩一侧,采用单排 ϕ10cm 塑料管灌浆加固桥墩土体,灌浆深度为 7.0m,符合要求。

②原设计下穿桥梁段路基右侧沿桥台锥坡坡脚线做两排高压旋喷桩,设计桩长 8.5m。后为减小井点降水对高速公路路基的影响,改为将高压旋喷桩打入黏土层,桩长 18m,并且做出高速公路路基锥坡外侧 5m,符合要求。

③原设计地勘资料显示地下水常水位为 37.47m,经核实确认地下水常水位为 33.60m,随季节变化约为 1.0m,按 34.60m 验算 U 形槽抗浮系数为 1.17,满足要求。

(4)施工保障措施

①沉井下沉、高压旋喷桩开挖施工时采用一定的防护措施,确保大桥下部结构的安全,符合要求。

②沉井采用排水下沉施工方法,在施工过程中要严格按照施工方案执行,抽取的地下水要及时进行排除,防止出现大范围的漫流以及积水。

③施工方案在桥台两侧坡脚外各设置一个地下水位观测孔,用于观测地下水位情况,若地下水位下降速度过快、降幅过大,应减小降水速度。在降水期间,应定期对基坑外地面、桥台锥坡、桥墩及桥台背墙附近高速公路路面进行沉陷监测,符合要求。

④高压旋喷桩施工时严禁大范围开挖土体,旋喷桩完成后要立即回填,保证桥梁下部结构的安全。

⑤施工场地应设明显的安全警戒线,夜间施工时应设醒目的标志灯,施工现场灯光必须严格规范布置,以免对高速公路桥上行驶车辆造成眩光等影响。施工过程中严禁地方村民、行人,尤其是儿童和老人进入施工作业区,严禁施工人员进入高速公路路面,以免对高速公路正常运行造成隐患。

⑥施工使用机械应符合安全标准,操作人员应具有相关的职业资格证,开挖操作需严格按照相应的规章制度进行,严令防止由于机械设备操作不当对桥墩桩基本身造成破坏。

(5)施工应急预案

施工前需建立完整的应急机制,确保施工突发情况的妥善处理。

①现场发生交通事故及堵车应急预案。

由于施工原因造成交通事故后立即向高速公路公安机关交通管理部门及交通综合执法机构等单位汇报,并通过对讲机(手机)告知现场维护组的其他人员,配合高速公路公安机关交通管理部门、交通综合执法机构人员进行疏导。

②恶劣天气应急措施。

主要针对大风、大雾天气的预防与应急措施。

a.预防措施。

施工总体安排时尽量考虑避开恶劣天气易发生的季节时段。

所有的警示标识等交通维护设施,必须固定牢固,避免大风天气被吹移。

b. 应急措施。

时刻关注天气预报,在办公室设立近期天气预告牌,时刻掌握将来几天内的天气情况,以便提前做好应对措施。

大雾、大风等恶劣天气,停止上路作业。

大风天气,做好维护设施的固定工作,提前安排维护小组人员做好检查。并安排维护小组做好巡查工作。

大雾天气,方案中已考虑了设置警示灯,在警告区设置了红蓝太阳能爆闪灯,提高雾天的警示效果。

及时主动与交通综合执法机构、公安机关交通管理部门联系,按要求做好配合工作。

③紧急事故应急处理预案。

a. 危险源辨识:因机械、交通造成人员、施工设施的危害。

b. 抢救指挥者和组织机构:由项目经理负责指挥抢救,项目部综合科负责抢救、联络车辆等,各部门根据指挥者分工做好工作。

c. 为保证顺利施工,保证高速公路的正常通车秩序,项目部应在施工前,通过与高速公路监控中心及时的信息沟通,及时向社会发布施工区的交通信息,以保证交通的畅通和出事后及时疏散、分流交通。

d. 机械、交通事故发生后,第一发现人应立即向指挥者或综合科报告,简述事故地点、人数、原因,现场人员应立即施救。

e. 指挥者根据报告情况作出决定:立即赶赴现场、指挥现场人员和医务人员进行抢救,立即将受害人员送往医院抢救。立即报警(电话120)向急救中心或医院简述事故情况和人数,请求到现场抢救,向交通综合执法机构、公安机关交通管理部门报警,调查原因。

④预防机械、交通事故的措施。

a. 在进行安全技术交底时,必须强调岗前机械、交通安全教育。

b. 项目部工程科、安全科加强过程巡查和监督,通过日常巡查和每月的检查,发现安全隐患,限制整改,跟踪验证,确保把机械、交通安全操作规程落到实处。

c. 加强驾驶人员的安全教育,定期对机械人员进行培训学习并考核。

d. 加强机械操作人员机械操作技能培训,提高操作人员的操作水平,减少因操作不当造成的机械、交通安全事故的发生。

e. 严禁"三违"现象发生,坚决杜绝违章指挥、违章操作驾驶,严格按公司《安全管理办法》有关处罚条例进行处罚。

f.加强班前检查制度,严格按操作规程进行操作,以防侧翻、后翻等机械事故发生。

g.加强机械车辆安全使用制度,严禁"病机、病车"施工上路。

h.加强安全考核与淘汰制度,激励操作手提高自身意识及操作驾驶技能。

i.加强安全奖励与处罚制度。

(6)运营期安保措施

①设计在交叉处附近按照相关规定设置限速标志和解除限速标志。

②设计在立交桥下入口处设置了限高4.5m的限高龙门架,限高龙门架距桥梁的距离应满足未来高速公路拓宽的需求。

③在雨季应对下穿路段的排水设施进行检查,保证排水通畅及道路运行安全。

④建议对下穿处桥墩、桥台设置沉降观测设施,定期对其进行观测,确保高速公路桥梁的安全运营。

5.5.2 某管道穿越某高速公路安全性评估

1)工程概况

某燃气管道需穿越某高速公路,该高速公路路基宽度28m,计算行车速度120km/h。

施工拟采用顶管方式敷设一根DN1000mm钢筋混凝土管,穿越长度约40m,与公路交叉角度为90°,管道埋深为7m。

顶管工作井开挖深度为7.3m,直径为5.5m,井壁采用M5.0水泥砂浆砌240标准砖护壁,井底采用30cm厚C20混凝土;顶管接收井开挖深度为7.3m,直径为1.5m,井壁采用M5.0水泥砂浆砌240标准砖护壁,井底采用30cm厚C20混凝土。

顶进过程中安装管节的正常施工程序为:主顶千斤顶回缩→松开管道内部轨道、电缆、油路、注浆管道接头→吊开顶铁→退出承插口钢环→安放顶进管段→安防橡胶圈接口→安装顶铁→连接管道内部轨道、电缆、油路、注浆管道接头等→顶进油缸伸出,继续顶进。顶管施工须选用合理的机械设备。顶管穿越施工流程如图5-4所示。

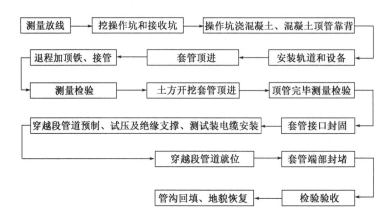

图 5-4 顶管穿越施工流程图

施工区土层根据时代成因、岩性及物理力学指标,分为 3 个土层 4 个亚层,地质情况见表 5-6。

顶管施工区土层地质情况 表 5-6

层号	名称	含水率 ω(%)	土重度 γ(kN/m³)	孔隙比 e	液限 ω_L(%)	塑限 ω_p(%)	塑性指数 I_p	液性指数 I_L
①-1	杂填土	27.1	18.2	0.881	39.2	23.9	15.3	0.25
①-2	素土	27.7	18.8	0.822	42.3	23.4	19	0.23
③	黏土	23.4	19.3	0.72	41.1	22.3	18.7	0.06

①-1 层杂填土:该层为路基路面结构层,总厚度约 1.6m。

①-2 层素土:灰黄色~黄灰色,松散~稍密,主要由黏性土构成,局部有少量石屑,厚约 3m。

③层黏土:褐黄色,硬塑,含铁锰质结核,无摇振反应,光滑,干强度高,韧性高,工程地质性质较好,厚约 5m。

④层强风化泥岩:紫红色,密实,取出岩芯多呈砂土状,少量碎块状岩芯,手捏易碎,遇水易软化,属极软岩。

管道埋深为 7m,管道位于③层黏土层内,穿越层地质情况良好。

2)风险辨识及估计

按照管道工程的流程,可将其分为设计和运营阶段、施工阶段。

设计和运营阶段造成的风险主要包括:

(1)管道线位、埋深不合理,行车会对管道安全有影响,深度不足也可能引起路基失稳或坍塌。

(2)穿越土层不合理,会引起路基失稳或坍塌。

(3)设计未考虑受影响道路的改扩建计划,会造成今后改扩建工程受影响。

(4)穿越段附近未设置阀门,出现事故不能及时关闭。

(5)穿越完成后未设置警示标志。

施工阶段造成的风险主要包括:

(1)施工方案及技术措施的安全可靠性未经过论证、审核,会造成施工过程中工程质量得不到有效控制。

(2)施工前未对穿越点附近的其他管道进行勘测。

(3)基坑开挖支护措施不到位,可能引起基坑坍塌;降水方式不当,引起路基沉降或裂缝。

(4)施工顶力不足,引起施工故障,危及道路安全。

(5)没有对穿越施工造成的空洞进行注浆处理。

(6)雨天施工会对现场设备材料造成腐蚀危害,增加带电设备漏电风险,从而造成人员触电事故。

(7)施工期交通工程安全设施设置不健全而引起的其他问题。

(8)施工应急预案不完备,发生紧急事故时处理不当,抢救不及时,造成财产和人身安全。

根据风险辨识过程中得出的可能存在的风险事故,结合本工程实际情况,设计和运营阶段最可能出现管道线位、埋深不合理、穿越土层不合理造成安全事故,施工阶段最可能出现基坑坍塌、路基沉降等事故。

3)风险分析

根据以上对设计和施工阶段可能存在的各种风险事故进行综合汇总分析,并采用风险接受准则对其等级进行评定,风险评价要素评级见表5-7。

风险评价要素评级　　　　表5-7

风险阶段	风险事故	发生概率	损失后果	风险等级
设计和运营阶段	管道线位、埋深不合理	三级	三级	三级
	穿越土层不合理	三级	三级	三级
	设计未考虑受影响道路的改扩建计划	三级	二级	二级
	穿越段附近未设置阀门	二级	二级	二级
	穿越完成后未设置警示标志	三级	三级	三级

续上表

风险阶段	风险事故	发生概率	损失后果	风险等级
施工阶段	施工方案及技术措施的安全可靠性未经过论证	二级	三级	三级
	施工前未对穿越点附近的其他管道进行勘测	三级	三级	三级
	基坑开挖支护措施不到位,降水方式不当	二级	三级	三级
	施工顶力不足	二级	三级	三级
	没有对穿越施工造成的空洞进行注浆处理	二级	三级	三级
	雨天施工触电事故	二级	三级	三级
	施工期交通工程安全设施设置不健全	二级	三级	三级
	施工应急预案不完备,发生紧急事故时处理不当	二级	二级	二级

4）风险控制措施

通过风险评价结果,对于风险等级较高的事故应采取一定的风险控制措施。

（1）设计和运营风险控制措施

设计单位应编制完善的设计文件、地质勘察资料。

（2）施工风险控制措施

①施工单位应编制完整的施工方案、安全防护措施和应急预案。

②施工前应探明该穿越点附近的其他管道。

③施工单位应选择合适的穿越机械,保障穿越的顺利进行。

④施工机械操作人员应具有相关的职业资格证,施工操作需严格按照相应的规章制度进行。

⑤施工期间应对路基进行沉降观测。

⑥施工期间应根据地质情况保证泥浆回流,对可能出现的空洞进行注浆处理。

⑦施工期间应派专人对施工区域进行巡查,严禁非施工人员进入现场,现场施工人员严禁进入正常运行的车道,以免造成交通事故。

5）安全性评估

（1）符合性检验

①交叉角度。

本工程管道与公路夹角为90°,交叉角度满足规范的要求。

②管道埋深。

管道埋深为7m,管道位于③层黏土层内,穿越层地质情况良好,适宜穿越。

经核查,穿越处高速公路无特殊路基处理,具备穿越条件。

本工程沿道路埋设有多条管道,其中污水管道覆土4.8m,管径1.2m,其他管道埋深约1.5m。顶管从污水管道正下方通过,采用钢筋混凝土管,经核查,本工程管道埋深应不小于8.3m。而根据设计方案顶管采用DN1000mm混凝土管道,埋深为7m。综上,本工程顶管埋深不满足规范要求,应根据规范进行调整。

③管材。

根据施工资料,本工程管材混凝土强度等级为C50,抗渗等级不低于S8,满足要求。

(2)工作井、接收井验算

本工程顶管采用钢筋混凝土管,管径为1000mm,根据规范要求计算管道埋深应为8.3m。

根据《给水排水工程顶管技术规程》(CECS 246:2008),工作井和接收井尺寸计算方法如下:

根据第10.4.2,工作井内净长度可按下式计算:

$$L = L_2 + L_3 + L_4 + K$$

根据第10.5.2,深工作井最小净宽按下式计算:

$$B = 3D_1 + 2.0$$

根据第10.6.1,工作井底板面深度按下式计算:

$$H = H_s + D_1 + h$$

根据第11.2,接收井内净最小宽度按下式计算:

$$B = D_1 + 2 \times 1000$$

各参数计算结果见表5-8。

各参数计算结果(单位:m) 表5-8

名称	内净长	内净宽	底板面埋深	备注
工作井	7	5.6	10	管道埋深按8.3m
接收井		3.2	9.5	
工作井	7	5.6	8.7	管道埋深按7m
接收井		3.2	8.2	

注:上表中数据是根据管道埋深8.3m计算的。

本工程计划开挖深度为7.3m,直径为5.5m,接收井开挖深度为7.3m,直径为1.5m,工作井和接收井尺寸、底板面埋深均不满足规范要求。

本工程工作井、接收井较深,施工拟采用 M5.0 水泥砂浆砌 240 标准砖护壁,本次评估认为,该支护方案不可行,应调整井壁结构形式。

结合实际情况,本工程工作井、接收井可采用 SMW 工法(新型水泥土搅拌桩墙)施工或沉井法。

综合考虑工期要求、井周沉降要求及隔水要求等,推荐采用 SMW 工法进行施工。

本工程工作井和接受井边缘距离现状路肩约 6m,对公路未来扩建影响较大,且开挖深度较深,施工期间对路基稳定影响较大,建议调整工作井和接收井位置,或适当移动管道位置,避让污水管,减少开挖深度。

(3)顶管顶力、路基沉降等验算

①顶力计算。

顶管的顶力可按下式计算(亦可采用当地的经验公式确定):

$$P = f \times \gamma \times D_1 \times \left[2H + (2H + D_1) \times \tan^2\left(45° - \frac{\phi}{2}\right) + \frac{\omega}{\gamma \times D_1} \right] \times L \times P_s$$

计算得:$P = 1520\text{kN}$。

资料中未计算顶力,本次计算值可供参考,施工单位应根据实际情况选择合理的机械设备。

②后座反力计算。

为确保后座在顶进过程中的安全,后座的反力或土抗力 R 应为的总顶进力 P 的 1.2~1.6 倍,反力 R 可采用下式计算。

$$R = \alpha \cdot B \cdot \left(\gamma \cdot H^2 \cdot \frac{K_p}{2} + 2c \cdot H \cdot \sqrt{K_p} + \gamma \cdot h \cdot H \cdot K_p \right)$$

在计算后座受力时,应该注意:

a. 当油缸总推力作用点低于后座被动土压力合力点时,后座所能承受推力为最大;

b. 当油缸总推力作用点与后座被动土压力合力点相同时,后座所承受推力略大些;

c. 当油缸总推力作用点高于后座被动土压力合力点时,后座承载能力最小。所以,为使后座承受较大推力,工作坑应尽可能深一些,后座墙也尽可能埋入土中多一些。

经计算 $R = 19620\text{kN} > 1.2P$,后座反力能满足顶进要求。

③沉降计算。

穿越施工引起的地面沉降计算方法主要有经验法和解析法。目前工程界常采用 Peck 提出的地面沉降横向分布估算公式:

$$S_x = S_{\max} \times e^{-\frac{x^2}{2i^2}}$$

$$S_{\max} = v_1/2.5i$$

本工程土层失土率 η 取 4%，分别按施工方案埋深和按规范计算要求埋深进行计算，结果见表 5-9。

路面沉降量计算结果　　　　表 5-9

名称	管道外径(m)	埋深(m)	计算沉降(mm)	备注
顶管	1.2	7	5.7	
顶管	1.2	8.3	4.1	

穿越施工造成的公路路面沉降量对公路影响较小。

④孔壁稳定性验算。

管道顶进时，孔壁及其附近的力学平衡受到破坏，如不采取防护措施，在地层中极易发生孔壁的垮塌、流失、缩径，即非开挖水平孔失稳破坏，这将严重影响非开挖施工的进行（如顶管受阻等），甚至可能造成严重的安全事故（如路面塌陷等）。

而孔壁岩土的失稳破坏是由于成孔后孔壁地层内部应力状态发生变化，超过了其强度极限所导致的，因此将井壁单元体的应力状态与强度指标进行比较，可得出孔壁岩土是否发生失稳破坏的结论，孔壁稳定平面应力问题如图 5-5 所示。

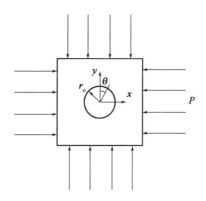

图 5-5　孔壁稳定平面应力问题示意图

管孔由于长度方向的尺寸通常比横截面尺寸大得多，因此可将近孔壁某点应力问题作为平面应力问题研究。（根据基尔斯公式，钻孔近孔壁某点单元体应力大小如下：

$$\sigma_r = \frac{P}{2}(1+\lambda)\left(1 - \frac{r_0^2}{r^2}\right) + \frac{P}{2}(1-\lambda)\left(1 - 4\frac{r_0^2}{r^2} + 3\frac{r_0^4}{r^4}\right)\cos2\theta$$

$$\sigma_\theta = -\frac{P}{2}(1+\lambda)\left(1 + \frac{r_0^2}{r^2}\right) - \frac{P}{2}(1-\lambda)\left(1 + 3\frac{r_0^4}{r^4}\right)\cos2\theta$$

$$\tau_{r\theta} = \frac{P}{2}(1-\lambda)\left(1 + 2\frac{r_0^2}{r^2} - 3\frac{r_0^4}{r^4}\right)\sin2\theta$$

由弹性力学理论,该点主应力大小为:

$$\sigma_1 = \frac{\sigma_r + \sigma_\theta}{2} + \sqrt{\frac{(\sigma_r - \sigma_\theta)^2}{4} + \tau_{r\theta}^2} = t + \frac{P}{2}\sqrt{(1+\lambda^2) + m + n}$$

$$\sigma_3 = \frac{\sigma_r + \sigma_\theta}{2} - \sqrt{\frac{(\sigma_r - \sigma_\theta)^2}{4} + \tau_{r\theta}^2} = t - \frac{P}{2}\sqrt{(1+\lambda^2) + m + n}$$

$$t = P\frac{r_0^2}{r^2}[(1+\lambda) - 2(1-\lambda)\cos2\theta]$$

$$m = 2(1-\lambda^2)\left(3\frac{r_0^4}{r^4} - 2\frac{r_0^2}{r^2} + 1\right)\cos2\theta$$

$$n = (1-\lambda)^2\left[\left(3\frac{r_0^4}{r^4} - 2\frac{r_0^2}{r^2}\right) + 2\left(3\frac{r_0^4}{r^4} - 2\frac{r_0^2}{r^2}\right)\cos4\theta\right]$$

$$\lambda = 1/(1-\mu)$$

钻孔孔壁发生破坏失稳的根本原因是孔壁某点单元体最大剪应力超过土的极限抗剪强度所致。根据莫尔-库伦破坏准则,也称土的极限平衡条件。

$$\sigma_{1f} = \sigma_{3f}\tan^2\left(45° + \frac{\varphi}{2}\right) + 2\tan\left(45° + \frac{\varphi}{2}\right)C$$

可判断钻孔是否发生破坏坍塌。若:

$$\sigma_1 > \sigma_{1f}$$

则孔壁破坏,反之则孔壁稳定。

孔壁若破坏,将先从孔壁顶部开始破坏,因此本次对孔壁顶部点进行稳定性分析,则各参数取值计算如下:

计算结果见表 5-10。

埋深应力计算结果　　　　　　　　　　　　　　表 5-10

埋深(m)	p(kPa)	σ_1(kPa)	σ_3(kPa)	σ_{1f}(kPa)	备注
7	138	414	414	648.5	
8.3	153	458	458	707	

根据计算结果,$\sigma_1 < \sigma_{1f}$,本工程顶管孔壁稳定性满足要求。

(4)施工期间安全影响分析

顶管穿越在施工过程中可能会对公路产生一定的影响,施工方案可能存在的问题及对策为:

①施工前准备工作。

前期调查:进场后应核查施工范围内地下障碍物和现状管道情况,调查清楚后方能进行施工。

工具准备:顶管顶进施工前,按要求进行施工用水、用电、通道、排水及照明等设备的安装。施工材料、设备、机具必须备齐,以满足本工程施工的要求。管节准备要有足够的余量。

技术准备:在顶管施工前,对各种技术工种进行岗位培训,经过考核合格后,才能上岗。并对参加施工的全体人员分阶段进行详细的技术交底。

线位复核:依据施工图纸的控制点及现场桩位的要求,对穿越路径和标高进行复测,确定发送坑、接受坑的位置并进行标识。

②顶管工作坑降水措施可能对路基产生影响。

若附近地下水埋深较浅,顶管穿越施工方案中工作井和接受井沿路基两侧应采用钢板桩支护,为避免引起地面沉降,尽量少采用降水这一辅助施工手段,而采用无须降水的机械式顶管施工。在不得不采用降水措施时,建议采取合适的排水方案,必要时采用止水墙或者土体注浆方案。

③顶管施工对路基的影响。

顶管施工方式一旦处理不当,易引发地表的隆起或沉降,从而对公路的路基路面造成影响或破坏。针对不同现象应采取相应措施。

顶管施工对地面构筑物的影响及防护措施:

a. 地表隆起。

现象:在任何一种顶管施工中,若操作不当,都会使机头前方沿滑裂面范围内的土体遭破坏,使地表隆起。

原因:无论何种形式的顶管,其地表隆起都是由于欠挖所造成的,而且在欠挖的同时又使机头前的土压力大于顶管机所处土层的被动土压力。

防治措施:严格控制排土与推进速度之间的关系,并且控制好机头前的土压力,务必使它小于顶管机前头的被动土压力。

b. 地面沉降。

现象:在顶管机过后或顶管施工完成以后,在管子中心线左右两侧的地面产生沉降。并且,随着时间的推延,沉降槽的宽度与深度均匀地与日俱增。

原因:

第一种是超挖所造成的,正常的挖土量须控制在应挖土体的95%~100%之间。

第二种是顶管过程中对土体扰动而产生的沉降。

第三种则是由于润滑浆套内的浆液流失所造成的沉降。

第四种是由于采用了辅助的降水施工所造成的沉降。

防治措施:控制好顶进与出土量之间的关系,做到不超挖。润滑浆要有一定的稠度,不能太稀。尽量不采用降水这一辅助施工手段。顶管穿公路前,必须使顶头调至正位,并保养好机头。加密测量密度,控制好方向,避免在公路下作过大的纠偏操作。同时还要加强现场值班,现场资料分析与决策等管理工作,并加强路面沉降观测,确保公路安全。

施工时应在公路顶管路径 50m 范围内设置沉降观测点若干个,将测量仪器架设到预设观测点,严禁随意移动和变更。固定观测水平仪设备,固定观测人员,同一观测点每 2h 观测一次,密切注意公路路基情况,当观测点累计水平位移大于 5mm,或竖向位移大于 10mm 时,则应立即停止施工,找出原因,采取相应措施。

施工完毕后再对施工路段进行 2~3 月的观测,以确定路面是否安全。根据测量成果,如果连续公路的沉降满足 $\Delta S \leq 1mm/100d$ 时,可以停止观测。

④交通安全管理。

穿越路段高速公路交通量较大。穿越工程实施过程中需确保公路安全运行。建议:

a.穿越段施工过程中,为加强安全控制,动态跟踪公路受到的影响,及时发现可能发生的路基沉降危害。

b.施工期间,设置交通管理标志标识,确保公路的通行及施工人员的人身安全。

⑤根据现行公路法律法规,各种穿越公路工程施工前需办理相关行政许可手续,施工前向相关道路管理部门提交施工备案,施工后向相关道路管理部门提交竣工资料。

(5)施工保障措施

本工程的施工等将会对道路安全造成一定的安全隐患,施工方案中安全措施较为简略,应补充详尽。参考类似项目经验,施工中主要安全措施如下,可供施工单位参考。

①工作井、接收井周围做好硬性围护栏,围挡前后内禁止停车,并按规定设置警示牌和警示灯。

②夜间施工时设置照明,配置适当的警示标志。

③开挖部位及时开挖、及时恢复,并采取相应措施保证安全。

④开挖土方不乱抛,集中堆放及时运出。

⑤雨前对土体和支护进行检查,并采取排水、防护措施,雨后对土体和支护进行检查。

⑥雨季施工各种车辆机械不得在开挖基础边缘 2m 内行驶、停放。

⑦对于危险区域,应树立标识牌、警示牌,并派专人 24h 值班,待土建施工结束回填后,再拆除围挡。

⑧场地恢复。

a.回填:

工作井、接收井顶板施工完毕后上部应填土压实。

对地表沾染的土,应集中外运后统一处理。

b. 地貌恢复:

将工作井、接收井周围隔离物、井场内外警示牌、标识牌装车运走;井场内施工及生活废弃物拉运至垃圾场;恢复原有地貌。

同时,针对钻进过程中可能出现的施工危险也提出应对措施,见表5-11。

施工危险应对措施　　　　表5-11

作业活动	危险因素	可能导致的事故	涉及的相关方	具体控制措施
施工	管线测量不完善	伤人	施工人员及群众	准确测量地下管线布置情况,做好记录,施工人员清晰管线布置情况后方可施工
	未经三级技术交底进行施工	人员伤害	施工人员	未经三级进行技术交底禁止施工,交底明确后方可施工
	焊机电源线破损残旧,电源线与开关接触不良	触电	施工人员	更新电源线
	电焊作业工作间断时不切断电源	触电	施工人员	工作间断切断电源
	雨中进行电焊	触电	施工人员	停止电焊或在有遮雨措施情况下进行工作
	无图纸、无施工方案施工	人员伤害	施工人员	禁止施工,加强图纸的索取和方案的编制
	施工过程在工作坑内休息	坍塌伤人	施工人员	禁止在坑内停留休息
	施工用电及接地不规范	触电	施工人员	严格执行一机一切闸制并有良好的接地
	施工时机械扭力过大	伤人	施工人员	严格按操作规程执行
	施工现场夜间未设危险警示灯	伤人	施工人员	设置警示灯及其他危险标志
	施工范围的围蔽不规范	伤人	施工人员及群众	按规范要求进行围蔽施工

（6）施工应急预案

施工方案中应急预案较简略，应针对施工中可能发生的各种意外，制订详尽的应急预案。参考类似项目，顶管穿越施工主要安全防范重点包括施工过程中的路面沉降、塌陷事故、地下管线破坏、交通事故等，对应的应急预案如下：

①工作井、接收井基坑施工。

a. SMW工法桩所用材料应加强检测，严格按照规范施工，从源头上把好质量关；

b. 基坑开挖时应注意监测地下水位、支护及周边沉降，如发现异常应立即处理。

②顶管时地下管线破坏。

a. 在顶管施工前与各相关部门联系，确认施工范围内管线位置、埋深等；

b. 在确认后，及时调整施工路线和高程，避免与现有管线相交；

c. 如在顶管过程中发现异常情况，及时与各相关部门联系。

③交通事故。

a. 主要为防止由于穿越施工作业导致路面塌陷而发生的交通事故；

b. 在作业前，由专人与公路产权单位联系进行施工期间相关事宜的沟通，确定临时应急道路，若发生事故即从应急道路绕行；

c. 如在穿越路段发生交通事故或车辆发生故障，应联系公安机关交通管理部门及时拖走事故或故障车辆。

④成立由项目经理、专职安全员、现场负责人组成的应急响应领导小组对应急事故进行响应、处置。

⑤挖掘机、抽水泵、水龙带等应急设备物资常备现场，特殊材料（如商品混凝土）提前联系好就近供应商，以便应急处置时使用。

⑥事故处理程序：发生事故后，当事人应立即报告项目部现场负责人。项目部接到通知后，立即通知业主和监理，同时通知交通综合执法机构迅速到达现场，指挥现场应急救援，同时立即启动应急救援程序和公路保护应急措施。对于路面沉降危害，在经过观测发现有沉降超标的，立即通过混凝土套管内的注浆孔，向套管外引起路面沉降的空隙注入水泥浆，将空隙填实，确保高速公路安全运行；对于套管内大量透水危害，一经发现，人员撤离工作井后，立即使用挖掘机将顶管工作井回填压实，如有必要，亦可浇灌混凝土进行坑洞封填，第一时间封住地下水冒出，保护公路路基安全。并成立现场救援组实施救援和调查工作，采取必要措施抢救人员和财产，防止事故扩大和损失加重。管理单位到达现场后，按照职责分工，全力配合救援、善后工作。

⑦对事故原因进行分析、调查，处理应本着对单位、对员工和事故责任人负责的原

则,客观公正、实事求是、及时准确、秉公执法。

以上措施为一般情况下出现事故的应对措施,实际施工时可能应根据实际情况随机应变,采取合理措施将事故影响降到最低。

(7)运营期安保措施

①保护标志设置及巡检。

管道穿越工程完成后,应在穿越工程管道埋设处设置保护标志,以起到提醒、示意及保护作用,按照管道轨迹在地面上树立标识桩,标识桩地下埋深40cm,地面高60cm,上刻"某某主干管",以起到提醒、示意及保护的作用,运营过程中应有相关人员定期巡查。

②路面修复。

管道穿越工程完成后,穿越路基段在后期地基会产生少量不均匀沉降,公路路面可能会出现局部裂缝。一旦发现此类情况,由管道实施管理方负责及时对路面进行修复处理。

第 6 章
CHAPTER 6

平交和接入式涉路行为安全评价

6.1　平交和接入式涉路行为特点

平交和接入式涉路工程主要指与公路平面交叉的道路工程,包括:公路、乡村道路、沿线单位出入口、加油加气站出入口等建设工程。这类工程可能会导致公路排水系统、路面、路基结构等的破坏,造成路口跳车、积水等不良影响。在出入口设计方面普遍存在一些问题,如:转弯行车路径不合理,存在视觉盲区,缺失交通指示标志等情况。交叉路口接入将使得交通冲突点增多,影响主路交通通行能力,诱发交通事故,降低公路安全水平。

6.2　平交和接入式涉路行为分类

平交和接入式涉路行为按照接入的对象不同主要分为公路平交、乡村道路接入、单位出入口接入、加油加气充电站接入四类。

1）公路平交

公路平面交叉口是道路与道路在同一平面上相交的地方,是公路网的主要节点。虽然交叉口在公路网里程中所占比例很小,但是发生在交叉口及其附近的交通事故所占比例却很高。据分析,山区公路路段的平面交叉口交通事故占山区路段总事故数量的10%~30%,在人口密集的平原区,这一比例甚至高达60%。目前我国公路平面交叉口存在的主要安全问题有交叉口接入过多、交叉口选位不当、平交口平面线形设计不规范、公路平交口的视距不良、接入的支路纵坡大、接入处的公路平交交叉范围较小、公路平交口交通安全设施不完善等,从而导致公路平面交叉口存在大量的冲突点,致使交通冲突和交通事故的发生。目前发生交通事故的原因主要体现在以下五个方面:

(1)公路平面交叉口间距过小、数量过多是引发交通事故的主要原因之一。我国早期的公路路网规划并没有充分的考虑以后公路的发展,公路平面交叉口间距设置不合理。

(2)公路平面交叉口是各向车流完成分流与合流的区域,是车辆实现转向的节点。因此,公路平面交叉口会有大量的交通冲突点、分流点、合流点。交通冲突点、分流点、合流点越多,交通冲突产生概率越大,交通事故发生概率也相应地增加。目前我国公路在无信号控制交叉口普遍没有使用有效的"路权分配"措施,这些交叉口的车流经常会在无交通控制的混乱状况下行驶,交通事故频发,个别处形成交通事故多发"黑点"。

(3)公路平面交叉口部分没有系统地考虑转弯专用或共用车道,未对道路进行适当的拓宽,而是直接将直行车道转变成转弯车道,迫使进入公路平面交叉口的直行车辆进行变道,导致了交通事故率的增加。根据有关统计分析显示,转弯车道设置不当,平均可降低公路平面交叉口通行能力的30%~60%,增加交通事故率约30%。

(4)我国公路平面交叉口处普遍存在交通标志、标线设置缺乏的问题。有的交叉口甚至完全缺少基本设计,造成公路平面交叉口处于无控制或诱导状态,不能满足实际的交通警示需求,导致机动车、非机动车及行人的交通秩序混乱,形成事故多发点。

(5)公路出入口的尺寸设置不合理。对于国省干线来说,为了确保主干道车速保持在60km/h以上,出入口的几何设计应满足相关规范要求。但调研现状发现,接入支路在修建时有的并未进行专业的公路设计,修建时也是多采用减少填挖量的方法以减少公路建设资金的使用,这样就造成了接入支路的道路纵坡度较大;公路平面交叉口以T形或Y形交叉的居多,部分特殊的路段还是畸形交叉,受地形的限制,干线公路与接入支路多为斜交,交叉角度不满足规范要求。

2)乡村道路接入

乡村道路主要是指建在乡村、农场,主要供行人及各种农业运输、作业工具通行的道路。由于乡村公路数量大,分布广,且存在技术标准低、交通组成复杂和管理设施不完善等问题,其安全问题比较突出,其隐患主要体现在以六个方面:

(1)随着我国城镇化进程的加速,公路两侧的城镇、村落经济快速发展,农业机械化发展迅速,接入主线公路的机耕道变多,在主线公路上随意开设出入口,增加了交通冲突。

(2)《公路工程技术标准》(JTG B01—2014)和《公路路线设计规范》(JTG D20—2017)中并未对此类等级公路的交叉口间距和选址作出明确的规定。目前很多村落、乡镇都依路而建,为方便出行,道路周边用地布局得零散、杂乱、不规整,接入路口过于密集,在主线公路上开口随意,选址不合适。

(3)缺乏规范的交通设计理念,乡村公路的平交路口布置时对几何指标,如路口转角、车道宽度、转弯半径等内容没有限定,使得接入点的几何尺寸不能满足车辆行驶要求,成为事故多发点。

(4)乡村道路上车辆进入交叉口时驾驶员安全意识较差,车速过快,致使交通事故时有发生。

(5)交叉口视距条件较差,由于建筑物或树木的遮挡,使得干线公路车辆不易发现乡村道路上的车辆,引发交通事故。

(6)乡村公路一般在交通安全管理设施上投入的资金有限,标志、标线、视线诱导设施和其他交通安全设施的设置缺失或数量不足。

3)沿线单位出入口接入

沿线单位出入口接入是指车辆从公路两侧的用地(如单位、居住小区、商业中心等交通集散地)汇入或驶出公路交通流的情况。沿公路两侧的这些单位等因生活、生产需要,在满足相应的单位规模和交通量要求的情况下,可在公路上设置平交出入口。影响出入口交通安全的主要因素有以下四个方面:

(1)由于用地受限制,一般公路并不设置与之平行的辅道,公路两旁的企事业单位为方便出入,往往将服务自身的支路或出入口直接与公路相接,造成出入口过密、间距过小,这种问题在经济发达、人口密集的东部地区显得尤为突出。

(2)未设置必需的停车让行标志标线,使得出入口处的流入交通缺乏控制或诱导,存在较严重的交通冲突。出入口缺乏警告标志,不能给驾驶员以明确的信息提示,减少了驾驶员的可反应时间。

(3)出入口的几何设计不规范,比如出入口长度设置随意,无明显标识或界限辨识不清晰,导致车辆运行轨迹随意,扩大了冲突区域。

(4)未设置符合实际情况的加减速车道或转弯专用车道,转弯车辆与直行车辆形成较大的"速度差",易引发追尾等交通事故。

4)加油加气充电站接入

加油加气充电站是加油站、液化石油气加气站、压缩天然气加气站、充电站及混合能源补给站的统称,作为公路的服务设施,可为驾乘人员提供车辆能源、加水、如厕等服务。由于部分加油加气充电站业主对国家安全生产法律、法规、技术标准缺乏了解,或受专业水平、建站资金等因素的影响,加油加气充电站在选址、设计、施工等方面难以规范、统一,存在较多的安全隐患。

6.3 平交和接入式涉路行为安全评价内容

6.3.1 公路平交涉路行为评价内容

在公路上增设平交口,选址的合理性将直接影响到该平交路口的交通安全性,需要从交叉口间距、视距、交叉角度、交叉口平纵线形、交叉口交通管理方案、施工方案、安全保障措施和施工应急预案等方面进行严格要求。对于一级公路或二级公路,平交路口设计方案应进行专家论证,以提高其安全性。

6.3.2 乡村道路接入涉路行为评价内容

乡村道路接入公路设计应纳入公路交叉的总体设计,统筹规划,合理布局。主要从交叉口间距、视距、交叉角度、交叉范围内的平纵线形、交叉处路面铺装要求、施工方案、安全保障措施和施工应急预案等方面评价安全性。

6.3.3 沿线单位出入口接入涉路行为评价内容

沿公路两侧的单位因生产、生活需要,在满足相应的单位规模和交通量要求的情况下,可在公路上开设出入口。因此主要从沿线单位的规模、交通量、被接入公路等级、施工方案、安全保障措施和施工应急预案等方面来评价出入口的安全性。

6.3.4 加油加气充电站接入涉路行为评价内容

加油加气充电站网点布局和选址定点时,应符合城镇规划、环境保护和防火安全的要求,并应选在交通便利的地方。

加油加气充电站接入涉路行为主要从安全防火距离、接入位置、出入口设计、交通工程设施设置、施工方案、安全保障措施和施工应急预案等方面来评价其安全性。

6.4 平交和接入式涉路行为安全影响分析

6.4.1 公路平交涉路行为评价分析

1)交叉口间距

平面交叉的间距应综合考虑公路网的结构和车辆通行条件,满足交织长度、视距、转弯车道长度等的最小距离要求,保证车辆通过本交叉口时,不受前方交叉口处的最大候车队列的干扰,交叉口间最小间距应不小于150m。对于一级公路、二级公路,平面交叉的最小间距根据现行《公路工程技术标准》(JTG B01)与《公路路线设计规范》(JTG D20)的有关规定确定;对于三级公路、四级公路等,交叉口间距则由公路管理机构参考以上原则根据实际情况来确定。一、二级公路平面交叉口间距如表6-1所示。

一、二级公路平面交叉口间距　　　　　表6-1

公路等级	一级公路			二级公路	
公路功能	干线公路		集散公路	干线公路	集散公路
	一般值	最小值			
间距(m)	2000	1000	500	500	300

2)视距

视距是交通安全的重要指标之一。平面交叉口的视距包括入口引道视距和三角区视距,其中入口引道视距在数值上等于停车视距,要求驾驶员能清晰看到交叉点附近的路面标线。为确保交叉公路上的车辆能相互看见,还应保证停车视距形成的三角区内无视线障碍物,其具体取值主要依据现行《公路路线设计规范》(JTG D20)的有关规定。

3)交叉角度

公路平面交叉,尽量采用90°正交,并缩短平交口范围的长度,使车辆与行人减少横穿公路的距离和时间。但实际情况较为复杂,斜交情况不可避免,根据现行《公路路线设计规范》(JTG D20—2017)规定:斜交时,其锐角应不小于70°;当受到地形条件或其他特殊条件限制时应不大于45°。

4)交叉范围内平纵设计

交叉范围内平纵线形设计对于公路交通安全、排水等方面的影响很大,一般情况下,接入公路的高程宜低于主要公路;同时接入点应在主要公路纵坡较小路段,尽量避免设在陡坡路段,以便于主路直行车辆减速慢行。交叉范围路段一般纵坡范围为0.15%~3%,次要公连接交叉的引道部分一般宜为0.5%~2.0%的上坡。主要公路在交叉范围内的圆曲线设置超高时,次要公路的纵坡应服从主要公路的横坡。

5)交通管理方案

平面交叉口管理一般采用主路优先、无优先交叉管理、信号控制等三种方式,可以根据公路等级、交通量等情况进行选择。条件允许时,尽量采用信号控制方式。

6)施工管理

平面交叉口施工尽量避免对主路进行大填大挖或破坏主路路面,主要考虑物料、机具堆放问题和主路的路面、路基保护问题。应将物料、机具放置在主路的用地范围外,对于国省道应在边沟外1m,以减少交叉口施工对主线交通安全的影响。对于原有路基,在进行专业保护措施设计的同时,还需要公路管理部门和机构加强巡查,监督施工方文明施工。

6.4.2 乡村道路接入涉路行为评价分析

1)一般要求

乡村道路接入时应注重周边地块属性多样化、地块点状分布和避免建筑的不利占地形式等方面。通过实现周边地块属性多样化不仅可以使得人们出行距离变短,同时可以减少地块在公路接入点上的潜在冲突点;通过地块点状分布,使得建筑能利用地块纵深区域进行布置,使地块沿街面变大,相应公路接入点减少;避免建筑的不利占地形式,从而避免接入道路过于狭窄细长、密集,以减少交通冲突。

乡村道路接入点选址通过分析交叉口功能区,以及出入口相互间距要求,实现接入点的合理选址。

接入口选址,应保证交叉口功能区不重叠,使交叉口间距保证功能区空间。乡村道路属于集散公路,所以交叉口数量多,需要分析交叉口功能区,明确交叉口功能区车辆运行规律,计算功能区范围,避免交叉口相互影响。农村公路周边建筑出入口选址应减少与邻近出入口、公路通行车流的交通冲突。因此出入口选址应尽量满足以下基本原则:

(1)乡村道路出入口应尽量少,增大出入口间距,减少冲突点数量。

(2)乡村道路尽量避免直接接入高等级道路,宜按照先接入县乡公路,再由县乡公路再接入省道、国道。

(3)交叉处的地形、地质、视距、交叉角度或原乡村道路平面线形不适宜设置交叉时,应对乡村道路进行改线。

2)交叉口间距

乡村道路与公路的交叉口间距应通过对地方公路现状和规划进行调查后确定,应充分考虑沿线土地开发、群众生产和生活需要,兼顾交叉口对公路通行能力、服务水平和投资的影响。交叉口间距一般宜大于400m,在农业机械化程度高的地区,交叉口间距应适当加大。

3)视距

乡村道路与二、三级公路相交处的视距三角形为:乡村道路距交叉口20m处,能看到两侧二、三级公路相应的停车视距并不小于50m范围内的汽车。视线范围内不得有障碍物。具体视距三角形如图6-1所示。

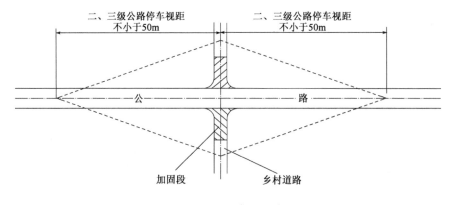

图6-1 视距三角形示意图

4）交叉角度

乡村道路与公路平面交叉以垂直相交为宜。当必须斜交时，其交叉的锐角不应小于70°；受地形条件或其他特殊情况限制时，不应小于60°。若小于60°，则需要对乡村道路进行改线设计。

5）交叉范围内的平纵线形设计

农村公路以小型车作为设计车型，出入口几何设计包括对转弯半径、出入口宽度和出入口长度等的设计。设计时应保证乡村道路的基本通行功能不受影响；尽可能减小出入口支线车辆和主线车辆的速度差；减少出入口转弯车流对公路正常车流的干扰；满足出入口车辆的视距要求；提供满足出入口通道车辆排队长度的过渡段，尽可能避免出入口通道车辆排队至公路上；减少冲突点数量；交叉处公路两侧的乡村道路直线长度应各不小于20m；交叉处公路两侧应分别设置不小于10m的水平段；紧接水平段的纵坡不应大于3%，困难地段不应大于6%。

6）交叉处路面铺装要求

经常有履带耕作机械通行时，交叉范围内的公路路面、路肩应进行加固，且公路路基边缘外侧的乡村道路应各设置不小于10m的加固段。

当受地理条件限制，乡村道路接入公路纵坡、视距等不满足要求时，应设置附加车道。

7）交通管理

乡村道路接入交叉口应采取主线优先的交通管理方式。当通视条件受限或主线交通量很大时，宜采用右进右出的方式进行交通管理。在主线公路上设置主线优先标志、交叉口警告标志等，必要时可设置限速标志、鸣喇叭标志、禁止超车标线。在乡村道路上应设置停车让行标志、减速丘、停车让行标线。

8）施工要求

施工时应根据实际需要设置施工标志、路栏、锥形交通路标等安全设施，夜间应有反光或施工警告灯，必要时应指派专人进行交通管制。

6.4.3 沿线单位出入口接入涉路行为评价分析

1）沿线单位出入口接入条件

周蔚吾主编的《公路平面交叉优化设计》,对公路沿线单位出入口接入进行了全面的分析研究,其中公路沿线单位接入条件如表6-2所示。

公路沿线单位接入条件　　　　　　　表6-2

内容		分项	
公路状况	公路等级	省道	县道
	路面宽度	15m 以上	10m 以上
	车道数	2车道以上	2车道以上
	板块形式	—	—
	高峰小时交通量(辆)	2000	1500
	设计速度(km/h)	80	60
单位需要满足条件	单位重要程度	大型、国有、重点	大型、重点
	注册资金/总资产/利税	1亿元/5亿元/2000万元以上	2000万元/1亿元/1000万元以上
	单位总人数	100人以上	50人以上
	车辆数	20辆	10辆以上
	车辆主要类型	中型货车	中型货车
	车辆速度	80km/h以上	70km/h以上
	相邻开口距离	500m以上	300m以上

2）被接入道路要求

(1)为保障高速公路、一级公路的交通运行畅通,应禁止沿线单位在其上随意开口。

(2)国道、省道的接入道路应该按照先辅道再支路、最后连接到主路上的顺序进行接入,以减少主路上接入点数量,保障主路的畅通。

3）视距

由于规划等原因,公路沿线建的住宅群和树木遮挡视线等情况较为普遍,存在驾驶员难以察觉交叉口的存在或对进入主线的车辆预判不足等情况,易使得车辆避让不及而酿成交通事故。沿线单位接入时必须保持视距良好;在公路沿线单位距交叉路口小于20m 范围内与主线公路的停车视距长度所构成的三角形区域内,应保证通视。

4）接入段道路设计

接入口宜设置在公路直线路段上。接入道路在公路边缘应有不小于 10m 的水平段,且纵坡不宜大于3%。接入道路影响原公路排水系统的,应设置排水系统。

5）交通管理要求

根据相交公路的功能、等级、交通量等,公路沿线单位接入可采用主线优先交叉、无优先交叉或信号交叉三种不同的交通管理方式。公路沿线单位接入公路时,应采取主线优先的交叉方式进行交通管理。主线上设置平面交叉的警告标志或道口标志、人行横道标线;当主线交通量较大、运行速度高时支线上设置停车让行标志和标线;当主线交通量较小时支线上设置减速让行标志和标线。

公路沿线单位接入四车道及以上多车道公路时必须设置左、右转弯的附加车道,必要时设置信号灯。接入道路上可以根据实际情况设置物理减速装置,如减速垄等。

6）施工与养护管理

施工时应根据实际需要设置施工标志、路栏、锥形交通路标等安全设施,夜间应有反光或施工警告灯,必要时应使用信号或派旗手管制交通。施工期间应尽量不占用道路,施工垃圾应及时清除,保证路面畅通。主线和接入道路上的相关标志标线应定期维护。

6.4.4 加油加气充电站接入涉路行为评价分析

1）一般要求

加油站必须按照现行《汽车加油加气加氢站技术标准》(GB 50156)的要求,委托具备相应资质的石油化工设计单位依据现行《汽车加油加气加氢站技术标准》(GB 50156)进行设计。

承建加油加气充电站建筑工程的施工单位应具有建筑企业三级及以上资质。

2)防火距离要求

汽车加油加气加氢站的选址应符合有关规划环境保护和防火安全的要求,并应选在交通便利且用户使用方便的地点。加油站、各类合建站中的汽油、柴油工艺设备与站外建(构)筑物的安全间距,不应小于表 6-3 的要求。

汽油(柴油)工艺设备与站外建(构)筑物的安全间距(单位:m)　　表 6-3

站外建(构)筑物		站内汽油(柴油)工艺设备			加油机、油罐通气管口、油气回收处理装置
		埋地油罐			
		一级站	二级站	三级站	
重要公共建筑物		35(25)	35(25)	35(25)	35(25)
明火地点或散发火花地点		21(12.5)	17.5(12.5)	12.5(10)	12.5(10)
民用建筑物保护类别	一类保护物	17.5(6)	14(6)	11(6)	11(6)
	二类保护物	14(6)	11(6)	8.5(6)	8.5(6)
	三类保护物	11(6)	8.5(6)	7(6)	7(6)
甲、乙类物品生产厂房、库房和甲、乙类液体储罐		17.5(12.5)	15.5(11)	12.5(9)	12.5(9)
丙、丁、戊类物品生产厂房、库房和丙类液体储罐以及单罐容积不大于 50m³ 的埋地甲、乙类液体储罐		12.5(9)	11(9)	10.5(9)	10.5(9)
室外变配电站		17.5(15)	15.5(12.5)	12.5(12.5)	12.5(12.5)
铁路、地上城市轨道线路		15.5(15)	15.5(15)	15.5(15)	15.5(15)
城市快速路、主干路和高速公路、一级公路、二级公路		7(3)	5.5(3)	5.5(3)	5(3)
城市次干路、支路和三级公路、四级公路		5.5(3)	5(3)	5(3)	5(3)
架空通信线路		1(0.75)H,且≥5m	5(5)	5(5)	5(5)

续上表

站外建(构)筑物		站内汽油(柴油)工艺设备			加油机、油罐通气管口、油气回收处理装置
		埋地油罐			
		一级站	二级站	三级站	
架空电力线路	无绝缘层	$1.5(0.75)H$,且≥6.5m	$1(0.75)H$,且≥6.5m	6.5(6.5)	6.5(6.5)
	有绝缘层	$1(0.5)H$,且≥5m	$0.75(0.5)H$,且≥5m	5(5)	5(5)

注:1. 表中括号内数字为柴油设备与站外建(构)筑物的安全间距。站内汽油工艺设备是指设置有卸油和加油油气回收系统的工艺设备。
2. 室外变配电站指电力系统电压为35~500kV,且每台变压器容量在10MV·A以上的室外变配电站以及工业企业的变压器总油量大于5t的室外降压变电站。其他规格的室外变配电站或变压器应按丙类物品生产厂房确定。
3. 汽油设备与重要公共建筑物的主要出入口(包括铁路、地铁和二级及以上公路的隧道出入口)的安全间距尚不应小于50m。
4. 一、二级耐火等级民用建筑物面向加油站一侧的墙为无门窗洞口的实体墙时,油罐加油机和通气管管口与该民用建筑物的距离,不应低于本表规定的安全间距的70%且不应小于6m。
5. 表中一级站、二级站、三级站包括合建的级别。
6. H为架空通信线路和架空电力线路的杆高或塔高。

液化石油气(LPG)加气站、加油加气合建站中的LPG设备与站外建(构)筑物的安全间距,不应小于表6-4的要求。

LPG设备与站外建(构)筑物的安全间距(单位:m)　　　　表6-4

站外建(构)筑物		地上(埋地)LPG储罐			LPG卸车点	LPG放空管管口	LPG加气机、LPG泵(房)、LPG压缩机(间)
		一级站	二级站	三级站			
重要公共建筑物		100(25)	100(25)	100(25)	100	100	100
明火地点或散发火花地点		45(30)	38(25)	33(18)	25	18	18
民用建筑物保护类别	一类保护物	35(20)	28(16)	22(14)	16	14	14
	二类保护物						
	三类保护物	25(15)	22(13)	18(11)	13	11	11
甲、乙类物品生产厂房、库房和甲、乙类液体储罐		45(25)	45(22)	40(18)	22	20	20

续上表

站外建(构)筑物	地上(埋地)LPG 储罐			LPG 卸车点	LPG 放空管管口	LPG 加气机、LPG 泵(房)、LPG 压缩机(间)
	一级站	二级站	三级站			
丙、丁、戊类物品生产厂房、库房和丙类液体储罐以及单罐容积不大于 50m³ 的埋地甲、乙类液体储罐	32(18)	32(16)	28(15)	16	14	14
室外变配电站	45(25)	45(22)	40(18)	22	20	20
铁路、地上城市轨道线路	45(22)	45(22)	45(22)	22	22	22
城市快速路、主干路和高速公路、一级公路、二级公路	15(10)	13(8)	11(8)	8	8	6
城市次干路、支路和三级公路、四级公路	12(8)	11(6)	10(6)	6	6	5
架空通信线路	1.5(1)H	1(0.75)H	1(0.75)H	0.75H		
架空电力线路 无绝缘层	1.5(1.5)H,且≥6.5m	1.5(1)H	1.5(1)H	1H		
架空电力线路 有绝缘层	1.5(1)H	1(0.75)H	1(0.75)H	0.75H		

注:1. 表中括号内数字为埋地 LPG 储罐与站外建(构)筑物的安全间距。
 2. 室外变配电站指电力系统电压为 35~500kV,且每台变压器容量在 10MV·A 以上的室外变配电站,以及工业企业的变压器总油量大于 5t 的室外降压变电站。其他规格的室外变配电站或变压器应按丙类物品生产厂房确定。
 3. 液化石油气设备与站外一、二、三类保护物地下室的出入口门窗的距离应按本表一、二、三类保护物的安全间距增加不低于 50%。
 4. 一、二级耐火等级民用建筑物面向加气站一侧的墙为无门窗口实体墙时,LPG 设备与该民用建筑物的距离不应低于本表规定的安全间距的 70%。
 5. 小于或等于 10m³ 的地上 LPG 储罐整体装配式的加气站,其罐与站外建(构)筑物的距离不应低于本表三级站的地上罐安全间距的 80% 且不应小于 11m。
 6. LPG 储罐与站外建筑面积不超过 200m² 的独立民用建筑物的距离不应低于本表三类保护物安全间距的 80%,且不应小于三级站的安全间距。
 7. 表中一级站、二级站、三级站包括合建站的级别。
 8. H 为架空通信线路和架空电力线路的杆高或塔高。

CNG(压缩天然气)加气站、各类合建站中的 CNG 工艺设备与站外建(构)筑物的安全间距,不应小于表 6-5 的要求。

CNG 工艺设备与站外建(构)筑物的安全间距(单位:m)　　　表 6-5

站外建(构)筑物		站内 CNG 工艺设备		
		储气瓶	集中放空管管口	储气井、加(卸)气设备、脱硫脱水设备、压缩机(间)
重要公共建筑物		50	30	30
明火地点或散发火花地点		30	25	20
民用建筑物保护类别	一类保护物			
	二类保护物	20	20	14
	三类保护物	18	15	12
甲、乙类物品生产厂房、库房和甲、乙类液体储罐		25	25	18
丙、丁、戊类物品生产厂房、库房和丙类液体储罐以及单罐容积不大于 $50m^3$ 的埋地甲、乙类液体储罐		18	18	13
室外变配电站		25	25	18
铁路、地上城市轨道线路		30	30	22
城市快速路、主干路和高速公路、一级公路、二级公路		12	10	6
城市次干路、支路和三级公路、四级公路		10	8	5
架空通信线路		$1H$	$0.75H$	$0.75H$
架空电力线路	无绝缘层	$1.5H$	$1.5H$	$1H$
	有绝缘层	$1H$	$1H$	

注:1. 室外变配电站指电力系统电压为 35～500kV,且每台变压器容量在 10MV·A 以上的室外变配电站,以及工业企业的变压器总油量大于 5t 的室外降压变电站。其他规格的室外变配电站或变压器应按丙类物品生产厂房确定。

2. 与重要公共建筑物的主要出入口(包括铁路、地铁和二级及以上公路的隧道出入口)的安全间距尚不应小于 50m。

3. 长管拖车固定停车位与站外建(构)筑物的防火间距,应按本表储气瓶的安全间距确定。

4. 一、二级耐火等级民用建筑物面向加气站一侧的墙为无门窗洞口实体墙时,站内 CNG 工艺设备与该民用建筑物的距离不应低于本表规定的安全间距的 70%。

5. H 为架空通信线路和架空电力线路的杆高或塔高。

液化天然气(LNG)加气站、各类合建站中的 LNG 工艺设备与站外建(构)筑物的安全间距,不应小于表 6-6 的要求。

LNG 工艺设备与站外建(构)筑物的安全间距(单位:m)　　　　表6-6

站外建(构)筑物		站内 LNG 工艺设备 地上 LNG 储备罐			放空管管口、LNG 加气机、LNG 卸车点
		一级站	二级站	三级站	
重要公共建筑物		80	80	80	50
明火地点或散发火花地点		35	30	25	25
民用建筑物保护类别	一类保护物	35	30	25	25
	二类保护物	25	20	16	16
	三类保护物	18	16	14	14
甲、乙类物品生产厂房、库房和甲、乙类液体储罐		35	30	25	25
丙、丁、戊类物品生产厂房、库房和丙类液体储罐以及单罐容积不大于 50m³ 的埋地甲、乙类液体储罐		25	22	20	20
室外变配电站		40	35	30	30
铁路、地上城市轨道线路		80	60	50	50
城市快速路、主干路和高速公路、一级公路、二级公路		12	10	8	8
城市次干路、支路和三级公路、四级公路		10	8	8	6
架空通信线路		1H	0.75H		0.75H
架空电力线路	无绝缘层	1.5H	1.5H		1H
	有绝缘层		1H		0.75H

注:1. 室外变配电站指电力系统电压为 35 ~ 500kV,且每台变压器容量在 10MV·A 以上的室外变配电站,以及工业企业的变压器总油量大于 5t 的室外降压变电站。其他规格的室外变配电站或变压器应按丙类物品生产厂房确定。

2. 地下 LNG 储罐和半地下 LNG 储罐与站外建(构)物的距离分别不应低于本表地上 LNG 储罐的安全间距的 70% 和 80% 且不应小于 6m。

3. 一、二级耐火等级民用建筑物面向加气站一侧的墙为无门窗洞口实体墙时,站内 LNG 设备与该民用建筑物的距离不应低于本表规定的安全间距的 70%。

4. LNG 储罐、放空管管口、加气机、LNG 卸车点与站外建筑面积不超过 200m² 的独立民用建筑物的距离,不应低于本表的三类保护物的安全间距的 80%。

5. 表中一级站、二级站、三级站包括合建站的级别。

6. H 为架空通信线路和架空电力线路的杆高或塔高。

加氢合建站中的氢气工艺设备与站外建(构)筑物的安全间距,不应小于表6-7的要求。

加氢合建站中的氢气工艺设备与站外建(构)筑物的安全间距(单位:m)　　表6-7

站外建(构)筑物		储氢容器(液氢储罐)			放空管管口	氢气储气井、氢气压缩机、加氢机、氢气卸气柱、氢气冷却器、液氢卸车点
		一级站	二级站	三级站		
重要公共建筑物		50(50)	50(50)	50(50)	35	35
明火地点或散发火花地点		40(35)	35(30)	30(25)	30	20
民用建筑物保护类别	一类保护物	35(30)	30(25)	25(20)	25	20
	二类保护物	30(25)	25(20)	20(16)	20	14
	三类保护物	30(18)	25(16)	20(14)	20	12
甲、乙类物品生产厂房、库房和甲、乙类液体储罐		35(35)	30(30)	25(25)	25	18
丙、丁、戊类物品生产厂房、库房和丙类液体储罐以及单罐容积不大于50m³的埋地甲、乙类液体储罐		25(25)	20(20)	15(15)	15	12
室外变配电站		35(35)	30(30)	25(25)	25	18
铁路、地上城市轨道线路		25(25)	25(25)	25(25)	25	22
城市快速路、主干路和高速公路、一级公路、二级公路		15(12)	15(10)	15(8)	15	6
城市次干路、支路和三级公路、四级公路		10(10)	10(8)	10(8)	10	5
架空通信线路		1H				0.75H
架空电力线路	无绝缘层	1.5H				1H
	有绝缘层	1H				1H

注:1. 加氢设施的撬装工艺设备与站外建(构)筑物的防火距离,应按本表相应设备的防火间距确定。
2. 氢气长管拖车、管束式集装箱与站外建(构)筑物的防火距离,应按本表储氢容器的防火距离确定。
3. 表中一级站、二级站、三级站包括合建站的级别。
4. 当表中的氢气工艺设备与站外建(构)筑物之间设置有符合标准规定的实体防护墙时,相应安全间距(对重要公共建筑物除外)不应低于本表规定的安全间距的50%,且不应小于8m,氢气储气井、氢气压缩机间(箱)、加氢机、液氢卸车点与城市道路的安全间距不应小于5m。
5. 表中氢气设备工作压力大于45MPa时,氢气设备与站外建(构)筑物(不含架空通信线路和架空电力线路)的安全间距应按本表安全间距增加不低于20%。
6. 液氢工艺设备与明火或散发火花地点的距离小于35m时,两者之间应设置高度不低于22m的实体墙。
7. 表中括号内数字为液氢储罐与站外建(构)筑物的安全间距。
8. H为架空通信线路和架空电力线路的杆高或塔高。

充电站的总体规划应符合城镇规划、环境保护的要求,并应选在交通便利的地方。充电站应满足环境保护和消防安全的要求。充电站的建(构)筑物火灾危险性分类应符合现行《火力发电厂与变电站设计防火标准》(GB 50229)和《建筑设计防火规范》(GB 50016)的有关规定。充电站内的充电区和配电室的建(构)筑物与站内外建筑之间的防火间距应符合现行《建筑设计防火规范》(GB 50016)的有关规定。

3)接入位置

为保证行车视距通畅,减少安全隐患,圆曲线半径小于400m(250m)的弯道内外侧不可接入加油加气站。为保证交通流运行顺畅,避免车辆拥堵情况,交叉口前后500m(300m)范围内严禁设置加油加气站。长大下坡下半段禁止设置加油加气站,防止行驶车辆制动失灵可能对加油加气站的撞击现象。交通复杂,易引发交通拥堵或交通事故的路段不可设置加油加气站。

4)出入口设计

加油加气站出入口包括进出加油站部分以及公路上的引道。合理设计加油加气站出入口,有利于使事故损失最小化。

车辆入口和出口应分开设置,保证在发生事故时汽车罐车能迅速驶离。公路与加油加气站间应设置隔离设施,保证进、出站内的车辆视野开阔,行车安全,方便操作人员对加油、加气车辆进行管理。出入口引道应设置排水设施,保持排水通畅。考虑沥青路面容易受到泄漏油品的侵蚀而破坏,同时,发生火灾事故时沥青路面极易发生熔融而影响车辆撤离和消防工作的正常进行,因此出入口引道路面一般采用水泥混凝土路面。出入口单车道宽度不应小于3.5m,双车道宽度不应小于6m。

5)交通工程设施设置

交通工程设施是引导车辆安全进出加油加气站的重要途径。应在加油加气站外的主线路段上设置禁止超车标线。按照规定在加油加气站前设置加油加气站预告标志。加油加气站的出入口右侧设置蓝底白字内容为"进口""出口"的反光标志,出入口路面设置导向箭头。没有开辟附加车道的加油加气站,出入口两侧应设置道口示警桩,道口示警桩一般沿主线方向,长度小于5m 路口两侧各设置一根道口桩,长度大于5m 的路口两侧各设置两根道口桩;加油加气站出口行车方向与主线公路行车方向相同时,应在出口附近设置减速让行标志;加油加气站出口行车方向与主线公路行车方向相反时,应在出口附近设置停车让行标志和标线。

6.5 平交和接入式涉路行为案例

6.5.1 工程概况——高速公路匝道接入干线公路

某高速公路互通匝道接入某省道,新增路侧开口。省道靠匝道侧路面渐变加宽拓宽增加一个车道,之后渐变缩减至原路面宽度,加宽拼缝位于硬路肩内 1.5m。

该省道采用一级公路技术标准,双向四车道,设计速度 100km/h。路面结构为沥青混凝土路面。路面全宽 26m,其中左右幅行车道各宽 3.75m,硬路肩宽 3m,土路肩宽 0.75m,中分带宽 2m,左侧路缘带宽 0.75m。中分带两侧设有波形钢护栏。该段为路基段,填土高度约 1.88m,施工段落内无标志、标牌等交通设施,段落内无杆管线。交叉位置现场如图 6-2 所示。

图 6-2 交叉位置现场

6.5.2 风险辨识及估计

设计和运营阶段的风险主要包括:

(1)平纵线形设置不合理,可能会导致行车视距不良或受限,同时也会导致道路排水不畅造成积水。

(2)平面交叉间距过小、数量过多,可能引发道路交通事故的发生。

(3)行车视距较小或有障碍物遮挡,将会导致交通事故数量的增加。

(4)交叉角度小于45°时,行车视距条件较差,交通冲突点增多,平面交叉口范围内的交通延误增加和服务水平降低。

(5)不合理的交通管理措施,将会导致冲突点的增加,引起交通阻塞,更为严重的还可能引发交通事故。

施工阶段可能的风险主要包括:

(1)施工方案及技术措施的安全可靠性未经过论证、审核,会造成项目施工过程中工程质量得不到有效控制。

(2)新建公路开口与原公路搭接处理不好,易形成错台,导致路面衔接不平顺。

(3)公路开口处的路基压实度不足,导致路基沉降超出规范要求,路面平整度较差。

(4)新建排水系统与原有排水系统衔接不顺,使路基受到浸泡,影响路基稳定性。

(5)施工安全标志位置设置不合理,占用公路路面,安全警示标识不清,不满足现行标准和规范的要求,诱发交通安全事故。

(6)施工应急预案不完备,发生紧急事故时处理不当,抢救不及时,造成财产和人身安全。

根据风险辨识过程中得出的可能存在的风险,结合本工程实际情况,设计和运营阶段最可能出现平面交叉间距过小、通视遮挡、交叉角度过小、平纵线形设置不合理,施工阶段最可能出现路面衔接不平顺、施工安全标志位置设置不合理等问题。

6.5.3 风险分析

根据以上对设计和施工阶段可能存在的各种风险事故进行综合汇总分析,并采用风险接受准则对其等级进行评定。风险评价要素评级见表6-8。

风险评价要素评级　　　　表6-8

风险阶段	风险事故	发生概率	损失后果	风险等级
设计和运营阶段	平纵线形设置不合理	三级	三级	三级
	平面交叉间距过小	三级	三级	三级
	行车视距受阻	三级	三级	三级
	交叉角度过小	三级	三级	三级
	交通管理措施不合理	三级	二级	二级

续上表

风险阶段	风险事故	发生概率	损失后果	风险等级
施工阶段	施工方案及技术措施的安全可靠性未经过论证	二级	三级	三级
	新建公路开口与原公路搭接处理不好	三级	三级	三级
	道路开口处路基压实度不足	二级	二级	二级
	新建排水系统与原有排水系统衔接不顺	二级	三级	三级
	施工安全标志位置设置不合理,安全警示标识不清	三级	二级	二级
	施工应急预案不完备,发生紧急事故时处理不当	二级	二级	二级

6.5.4 风险控制措施

根据风险评价结果,对风险等级较高的事故应采取一定的风险控制措施。

1)设计和运营风险控制措施

(1)设计单位应编制完善的设计文件、地质勘察资料,并通过审查。
(2)平交口几何设计应满足平面视距、交叉角度和平纵线形等的规范要求。
(3)按照现行《公路养护安全作业规程》(JTG H30)的要求,做好交通组织设计。

2)施工风险控制措施

(1)施工单位应编制完整的施工方案、安全防护措施和应急预案。
(2)施工使用机械应符合安全标准,操作人员应具有相关资格证,施工操作需严格按照相应的规章制度进行。
(3)排水设计应考虑两部分内容,一部分是涉路单位内部的新建排水系统,另一部分为公路既有排水系统。
(4)对路基填料、施工工艺、处理效果等按照高标准实施。
(5)交通组织期间应按规范要求设置施工警告标志和警示灯,并派专人疏导交通。
(6)施工期间应派专人对施工区域进行巡查,严禁非施工人员进入现场,现场施工人员严禁进入正常运行的车道,以免造成交通事故。

6.5.5 安全性评估

根据设计文件、施工方案以及风险评价结果,对项目进行安全性评估。

1)道路指标符合性检验

(1)交叉口间距。本项目的互通匝道接入省道位置与最近处的平交口距离360m,且互通接入位置采用右进右出,满足《公路路线设计规范》(JTG D20—2017)要求。

(2)交叉角度。互通匝道与省道垂直交叉,满足《公路路线设计规范》(JTG D20—2017)要求。

(3)平面线形。省道位于$R=4000$m的大半径圆曲线上,互通匝道平面线形位于直线上,满足《公路路线设计规范》(JTG D20—2017)要求。

(4)纵断面线形。互通匝道与省道平交位置纵断面为1.5%的上坡通往交叉。省道纵坡为1.5%,满足《公路路线设计规范》(JTG D20—2017)要求。

(5)视距。省道的设计速度为100km/h,《公路路线设计规范》(JTG D20—2017)要求停车视距160m,互通匝道设计速度为40km/h,《公路路线设计规范》(JTG D20—2017)要求停车视距为40m。平面交叉区域主要为农田,对视距影响较小,施工期间将省道两侧相关区域内影响视线的树木进行清除,以确保未来运营过程中通视三角区内无任何影响视距的障碍物,清除后可满足《公路路线设计规范》(JTG D20—2017)要求。

(6)附加车道。本工程交叉口前后共计530m范围内,省道靠匝道侧(东侧)路面拓宽增加一个车道,并设置右转弯车道,满足《公路路线设计规范》(JTG D20—2017)要求。

(7)排水。互通匝道与省道为上坡通往交叉。雨水可通过匝道横坡排至路基边沟,满足《公路路线设计规范》(JTG D20—2017)要求。

(8)路面搭接设计。省道拼接部分路面采用4cmAC-13C + 8cmAC-20C + 36cm水泥稳定碎石路面结构,新老路面拼接时从老路土路肩外边缘向内2m进行开挖,采用铣刨台阶的方式进行拼接,拼接缝处基层顶设置1.5m宽的玻纤格栅。措施合理,能够有效减少不均匀沉降和变形。

(9)交通安全设施。本项目交通安全设施均按照《公路交通安全设施设计规范》(JTG D81—2017)设计,并通过施工图审查,满足要求。

2)施工期交通组织方案

施工单位拟在施工区两端前1500m、1200m、900m、600m处分别设立"前方施工""限速 80km/h""限速 60km/h""限速 40km/h"等施工警告标志,上游过渡区长度不小于 50m,并设置"向左(右)改道""左侧绕行"标志,夜间增设电子"向左(右)导向牌""车辆慢行"牌。纵向缓冲区不小于 50m,封闭区域内采取两道封闭措施,设置一道防撞水马,再设置一道锥形桶;离开施工区 100m 处,路肩上设置"解除限速"标志,恢复车辆正常通行状态。

本施工方案中标志设置位置应满足要求,现场标志标牌的样式、大小及设置位置、设置时间应与路政和交警部门协商,请相关人员进行现场指导,设置完成后应由管理部门进行验收,施工过程中派专人进行看护。

3)施工保障措施

(1)交通管制实施时间应根据施工实际进展情况,提前 10 天向交警及路政部门提出交通管制申请,确定交通管制形式和具体实施时间。

(2)本工程在施工区域全部用水马及防撞桶沿线布设,建议在每块水马醒目位置贴上反光膜,在渐变区及缓冲区设置两块太阳能箭头导向灯及爆闪灯,中分带施工期间占用 1m 宽上行方向的车道,应利用水马进行导向,并设置警示标志。

(3)设置在公路上所有的施工信息提示牌、限速牌、转向标志牌等安全标志牌用膨胀螺栓或使用砂袋挤压等措施将其牢固地固定在路面上,防止倾倒、倾斜、错位的现象发生。

(4)施工过程中产生的废弃泥土,应做好相应的处置措施,不得堆放在省道路面上或路基边坡附近。

(5)因拓宽施工需要破坏现有省道的排水设施,施工完成后应按设计要求进行恢复。为防止发生积水严重现象,在雨量较大时安排日夜值班人员,如发生较严重积水,则使用抽水泵抽水。雨雾天气在施工控制区两端应设置红或黄色闪光警示灯、爆闪灯,暴雨等恶劣天气不应安排施工。

4)施工应急预案

施工单位制订了恶劣天气应急预案、节假日应急预案、交通事故应急预案、人员救援预案,各预案应全面可行。

(1)施工期间施工单位应密切关注现场通行情况,遇突发事件或车辆缓行情况应立即响应,加派人手进行现场处理和疏导,必要时结合车辆分流,保障通行顺畅。

(2)施工车辆不得随意在省道上停靠,施工车辆进入施工区域应派专人进行指挥交通,避免发生事故。现场不再使用的机械、施工机具应及时调配在封闭区以外。

第 7 章
CHAPTER 7

并行式涉路行为安全评价

7.1 并行式涉路行为特点

并行式涉路工程是指在既有公路的一侧或两侧平行设置铁路、道路、河道、电力通信线、油气水管道等工程,它与既有公路走向一致,并无交叉角度问题。此类工程易影响公路边坡形貌和排水系统,可能造成公路毁损,如果其侵入公路安全限界内会对行车安全构成威胁。

随着我国城市规模和城市经济的持续发展,电力线路、油气输送管道等大多沿公路一侧或两侧设置,其数量不断增多,容量、等级也不断提高。如果此类线路与公路工程的关系处理不当,不仅会影响到电网的安全运行,造成油气泄漏事故,也将会影响公路工程的实施及交通的安全运行,甚至造成人员及财产的损失。因此,此类工程的实施从前期规划、设计到施工和运营等各个环节都应慎重,严格执行我国道路建设与电力架空线路、油气输送管道等方面的相关规范和管理条例,确保工程质量,更好地服务社会。

公路建设一般都结合城镇的中远期规划,拆迁和环保等工作已经实施,因此沿公路走廊带并行布设铁路、公路工程、电力通信线、油气水管道,拆迁量较少,对景观环境的影响也较小,减少了与既有公路之间的夹心带面积,充分节约了土地,减少了资源浪费,保护了环境,这与国家提倡的进行集约、可持续发展的战略是一致的。

7.2 并行式涉路行为分类

根据线路运输性质,并行式涉路行为分为铁路并行式、道路并行式、河道并行式、架空电力线并行式、通信电缆光缆并行式、天然气和煤气管道并行式、石油管道并行式、自来水管道并行式等涉路工程。

7.3 并行式涉路行为评价内容

并行式涉路行为评价内容一般包括:
(1)平行于公路线形的涉路工程,其支撑结构及附属物宜设置在公路用地范围外。

(2)并行式涉路工程排水应自成体系,不得占用、借用公路排水系统。

(3)平行于公路架设的电力线等管线在公路平面交叉口处,应保证杆塔基础距离路基边缘的距离不小于杆塔高度,同时电力线距离平面交叉口路面的最小垂直净空不应小于6m。

(4)油、气管道离特大、大、中桥的安全距离不应小于100m,离开小桥的安全距离不应小于50m。

油、气管道如在公路桥梁上游附近跨越河流时,其跨越构造物的设计洪水频率标准不应低于下游公路桥梁的设计洪水频率标准;如采用支架跨越,应采取加强措施。

(5)在现有公路两侧敷设油、气管道时,其中心线与公路规划用地范围边线之间应保持一定的安全距离:

①对于石油管道,安全距离不应小于10m。

②对于天然气管道,安全距离不应小于20m。

③受地形限制地段,上述安全距离可适当减小;在地形困难的个别地段,最小不应小于1m。

④对于地形特殊困难,确实难以达到上述规定的局部地段,在对管道采取加强保护措施后,管道可埋设在公路路肩边线以外的公路用地范围内。

⑤油、气管道防护带为从管线中心算起,两侧各5m的范围。

(6)对并行式铁路、公路工程,如线形局部不一致且距离较近,应将防撞护栏等级提高一级,以免造成二次事故。

7.4 并行式涉路行为安全影响分析

7.4.1 施工期安全影响分析

(1)核查并行式涉路工程结构物基础与公路构造物基础之间的距离,应满足相关规范要求。基础施工应选择对公路及环境影响较小的施工工艺。

(2)并行式涉路工程如需采用预制桩进行软基处理的,不得采取打入法施工,应选用静压法施工,以免对路基下土层和结构物基础造成扰动而产生安全隐患。

(3)充分调查并行范围工程地质和公路软基处理情况,对地下水位进行分析,有可能引起公路固结不均匀沉降的应采用地下水位控制措施。对于基础尺寸及基坑开挖深度较大、距离公路较近的涉路工程,应进行路基边坡稳定计算分析。必要时应根据相关要求于公路土路肩及坡脚等处埋设沉降板和位移板,进行路基水平位移和沉降稳定观测。

(4)挖掘路面和公路用地前,应根据设计文件复查地下构造物(电缆、管道)的埋设位置及走向,并采取保护措施;施工中若发现有危险品及其他可疑物品时,应停止下挖,报请有关部门处理。

(5)并行式涉路工程施工应尽量不影响公路边坡形貌和排水系统,在施工完毕应将其恢复原状。雨季施工应采取措施及时排除积水。

(6)在雨、雾、雪、风、沙等恶劣天气,应停止杆塔等高耸结构的施工,以免造成人员伤亡和设备损失。

7.4.2 运营期安全影响分析

(1)并行式涉路工程前期应充分调查公路规划情况,并行式涉路工程的设置位置应尽量接近公路建筑用地边缘、路侧净区外,不得侵入公路建筑限界。

(2)在公路建筑控制区内,除公路保护需要外,禁止修建建筑物和地面构筑物;在公路建筑控制区外修建的建筑物、地面构筑物以及其他设施不得遮挡公路标志,不得妨碍安全视距。

(3)禁止在已纳入规划进行改扩建的公路沿线用地范围内平行布设管线。

(4)禁止在高速公路用地范围内平行布设涉路工程。

(5)一级公路及其用地范围内不得埋设与公路平行的地下压力管道。

(6)二级、三级公路的行车道内不得埋设与公路平行的地下管线。

(7)支撑杆塔不得设置在危险地点或设施维修时会严重妨交通的地点。

(8)对高速列车与较高等级的公路并行路段,若引起的振动加速度大于$0.1g$,则需根据实测值对高速公路路基、构造物安全性进行验算,如有必要应采用较高或特殊减振轨道结构等减振措施。

(9)列车风可能危及沿线的车辆行驶安全,卷起线路侧面的杂物,对路边物体施加侧向荷载,造成事故。因此应对并行列车这种列车风进行综合评估,如有必要,需设置风屏障。

(10)并行式涉路工程应对有可能产生的眩光效应进行分析,如有必要应设置相应的防眩设施,以降低这种眩光影响。

7.5 并行式涉路行为案例

7.5.1 某铁路与某高速公路并行安全性评价

1)工程概况

某铁路线位南侧 43.4~61.9m(铁路路线中心线至高速公路路线中心线距离)为运营中的某高速公路。该高速主线全线采用八车道高速公路标准,设计速度为120km/h,路基宽度为42.5m。

并行段铁路纵断面位于 $i_1=3.1‰$,$i_2=0.0‰$,$R=25000$m 的竖曲线上,桥面高程为 14.9~16.75m,下部结构采用直径为1.0m、1.5m的钻孔灌注桩基础和承台。

并行段高速公路平面位于 $R=9999.056$m 和 $R=10005$m 的平曲线上,纵断面位于 $i_1=0.681\%$,$i_2=0.97\%$,$R=26500$m 的竖曲线上。

2)风险辨识及估计

设计和运营阶段的风险主要包括:

(1)并行段的道路线形指标不合理,间距过近等,将造成行车的安全隐患。

(2)设计未考虑受影响道路的改扩建计划,造成今后改扩建工程受影响。

(3)并行段排水体系未独立,相互侵占,影响功能。

(4)列车振动、空气动力及眩光对并行高速的行车安全带来不利影响。

施工阶段造成的风险主要包括:

(1)施工方案及技术措施的安全可靠性未经过论证、审核,会造成施工过程中工程质量得不到有效控制或对路基稳定性造成不利影响。

(2)基坑施工对既有公路路基稳定性的影响。

(3)恶劣条件下施工可能会造成结构破坏,高空起吊设备受到影响,引起设备坍塌事故。

（4）雨天施工会对现场设备材料造成腐蚀危害,增加带电设备漏电风险,从而造成人员触电事故。

（5）对电工、电焊工、起重工、架子工、测量人员等高空作业操作人员的管理不善,相关人员未取得职业资格或其进入施工现场前未接受安全技术培训,可能导致施工作业过程中发生触电、高空坠落、物体打击、人员伤害。

（6）作业施工光线不足,作业人员夜间施工、疲劳施工或违反程序赶工,会影响工程质量,从而影响结构使用寿命。

（7）施工应急预案不完备,发生紧急事故时处理不当,抢救不及时,造成财产损失和人身安全危险。

根据风险辨识过程中得出的可能存在的风险事故,结合本工程实际情况,在工程的设计和运营阶段最可能出现因线形指标不合理而造成安全事故,在其施工阶段最可能出现起吊事故、坠落事故等事故。

3）风险分析

根据以上对设计、运营和施工阶段可能存在的各种风险事故进行综合汇总分析,并采用风险接受准则对其等级进行评定,风险评价要素评级见表7-1。

风险评价要素评级　　　　表7-1

风险阶段	风险事故	发生概率	损失后果	风险等级
设计和运营阶段	道路线形指标不合理	二级	三级	三级
	设计未考虑受影响道路的改扩建计划	三级	二级	二级
	排水体系未独立	三级	二级	二级
	列车振动、空气动力及眩光影响行车安全	三级	三级	三级
施工阶段	施工方案及技术措施的安全可靠性未经过论证	二级	三级	三级
	基坑施工影响路基稳定	二级	三级	三级
	高空起吊设备坍塌事故	二级	三级	三级
	雨天施工触电事故	二级	三级	三级
	未取得职业资格或进入施工现场前未接受安全技术培训,造成触电、高空坠落、物体打击、人员伤害	二级	三级	三级
	夜间施工、疲劳施工或违反程序赶工	二级	三级	三级
	施工应急预案不完备,发生紧急事故时处理不当	二级	二级	二级

4）风险控制措施

通过风险评价结果，对于风险等级较高的事故应采取一定的风险控制措施。

(1) 设计和运营风险控制措施

①设计单位应编制完善的设计文件、地质勘查资料，并通过相关审查。

②并行段间距应充分考虑未来改扩建的影响。

③应设置完善的防眩光措施。

(2) 施工风险控制措施

①施工单位应编制完整的施工方案、安全防护措施和应急预案。

②施工使用机械应符合安全标准，操作人员应具有相关的职业资格证，施工操作需严格按照相应的规章制度进行。

③桥梁上部结构吊装施工时必须采取相应的安保措施，确保吊装施工安全实施。

④在进行夜间施工时，应加强施工现场的灯光以及交通标志、标牌的醒目度，灯光的布置应合理，不应对行驶车辆造成眩光等影响。

⑤施工期间应派专人对施工区域进行巡查，严禁非施工人员进入现场，现场施工人员严禁进入正常通行的车道，以免造成交通事故。

5）安全性评估

根据设计文件、施工方案以及风险估计，进行安全性评估。

(1) 符合性核查

①并行式涉路工程的实施不得与公路的规划情况相冲突。经调研该高速公路未来不再拓宽改建，而是建设二通道，因此符合要求。

②经实测铁路 189 号桥墩距离高速公路最近，承台边缘距离高速公路坡脚线 10.5m，未侵入公路建筑限界内，也未侵入高速公路用地范围内。

③经核查，并行段铁路的排水自成体系，未占用、借用公路的排水系统。

④本段铁路线位是根据相关批复，采用不拆小区楼房、减少铁路与高速公路夹心地的要求所执行，采用高架桥与高速公路并行的方式，充分节约土地，减少资源浪费，保护环境。铁路桥梁箱梁外侧边缘线与公路隔离栅的距离在 30m 以内，进入了高速公路的建筑控制区，有可能在其施工期间和投入运营后，对高速公路的路基、排水、构造物等，以及交通运营的安全造成一定影响，甚至造成安全隐患。因此需要对并行段铁路对高速公

路的影响进行进一步分析,排除隐患,确保安全。

(2)施工期间安全影响分析

①对高速公路构造物的影响。

并行段高速公路设有主线桥 2 座,分别为 3×22m 预应力混凝土空心板桥和 3×10m 预应力混凝土空心板桥,以及还有机耕通道一处。

经核查铁路高架桥基础距高速公路构造物基础最小距离 25.8m,远大于高速公路本身左右幅构造物基础间距,桩基间距也远大于规范中规定的 2.5 倍桩径要求,同时铁路桥梁桩基均采用振动较小的钻孔灌注施工方法,因此,铁路高架桥在施工阶段对并行段高速公路的构造物没有造成明显的不安全影响,高速公路的构造物是安全的。

②对高速公路路基的安全影响。

a. 铁路高架桥施工对高速公路路基稳定性评估。

并行段不良地质主要为软土。沿线软土呈软塑-流塑状,具有中高压缩性,地基承载力低;地基土上部土层中的先期固结压力值(p_c)大于覆盖压力,土体处于超固结状态,超固结深度从 7~20m 不等;本路段浅层软土均连续分布,一般深度为 5~8m,以孔隙比在 1.0~1.3 之间的淤泥质土为主,软土层中局部采用粉砂层。

高速公路与铁路并行段为经过改扩建后的拼宽路基,设计采用的沉降控制标准为:拼宽新建路基总沉降小于 15cm,工后沉降小于 5cm,新老路基差异沉降小于 5cm。路基稳定按复合地基进行稳定验算,采用快剪指标,稳定验算的安全系数以 $K>1.2$ 控制。

铁路高架桥承台施工时,需进行基坑开挖,承台边缘离高速公路路基坡脚最近处约 10.5m,开挖深度 3~4.5m。基坑开挖可能对高速公路路基稳定产生影响,根据基坑深度和边缘至坡脚距离的不同,使用专业软件分别对并行段进行路基稳定性验算。

根据计算结果,对于边缘距离高速公路路基坡脚大于 15m 的承台,采用常规基坑开挖方法,高速公路路基是稳定的。但考虑到现场情况的不确定性,计算模型与实际情况可能存在偏差,另外据地勘揭示,该段地下局部存在粉土、砂土等强透水土层,基坑抽水时可能会出现流砂等不稳定情况。因此,为保证安全,建议所有边缘距高速公路坡脚 20m 范围内的承台,均采用型钢围堰支护,型钢入土深度在原地面以下不应小于 9m,采用静压法等振动小的施工方法一次性打入到位后,方可进行开挖,边挖边采取内部支撑措施,确保围堰不产生位移。

b. 基坑开挖对地下水位影响的控制。

铁路设计地震动峰值加速度为 $0.1g$,周期为 $0.35s$,场地类别为Ⅲ类。区内的地下水主要为第四系冲积层孔隙潜水,水位埋深 0.2~3m,高程 -1.07~2.57m,主要由大气降水补给,通过地下流形式由高向低处排泄,在基坑开挖时,需防治地下水。

承台基坑开挖时,会引起地下水的渗出,由于该地下3~7m深范围内存在软土,高速公路侧若大量渗水,将会引起软土排水固结而产生路基不均匀沉降,对路基和行车安全产生影响。因此应特别注意对围堰采用有效的密水措施,必要时可在高速公路侧,对边缘距坡脚小于20m的承台的段落范围内,加设地下连续隔水帷幕。在基坑开挖到位后,立即做好承台封底层,隔绝地下水的渗出。

c. 铁路高架桥施工对高速公路路基稳定、沉降监控。

铁路高架桥施工过程中,为加强安全控制,动态跟踪高速公路受到的影响,及时发现可能发生的路基稳定、沉降危害,除采取必要的基坑开挖支护措施外,还必须对基坑支护结构及高速公路路基进行位移和沉降观测。要求用于基坑支护的钢板桩不能出现侧向位移,在并行段每个桥墩对应高速公路断面处,分别在高速公路坡脚和土路肩边缘各设一个观测点,对水平位移和竖向位移进行动态观测,若累计水平或竖向位移大于警戒值,应立即停止施工,采取相应措施,加固基坑、加强路基稳定。同时也要防止由于基坑开挖排水,导致土体孔隙水压力的变化引起高速公路的固结沉降。

(3)运营期间安全影响分析

a. 列车振动影响。

由于国内尚未有高架上高速列车引起的地面振动影响计算模式,以及相关公路安全性评价标准方面的规范条文,因此引述国内外相关科研成果对高速公路安全性进行定性评估。

国内外一系列研究表明:靠近墩侧处的地面加速度值为最大值。高架上高速列车的行驶速度超过土壤中瑞雷波波速时,大地振动将有显著的增加且其随距离的衰减变得很慢;振动波的方向和主频是列车速度、瑞雷波波速和车厢长度的简单函数;与其他隔振措施相比,土壤改良措施可更好地降低建筑物的竖向和横向振动。根据对磁悬浮列车运营振动的有关研究,磁悬浮列车产生的地面振动,在垂直于线路方向,靠近桥墩处振动较大,而后很快衰减,深度超过5m以后,衰减减慢,这个数值远较一般的轮轨列车小;靠近桥墩处与远处的振动相比尽管较大,但比桥墩本身的振动要小得多,其主要原因是线路结构起到了减振作用,承台和桩都起到了隔振和减振作用。磁悬浮列车运行时其产生的地面振动衰减规律与轮轨铁路产生的振动衰减规律基本相同,但轮轨列车引起的地面振动衰减并不呈现出完全的衰减性,在某些测点处的地面加速度值并不按随距离的增大而减小的规律变化,反而出现反弹增大的现象。

另据《新建时速200~250公里客运专线铁路设计暂行规定(上)》(下称《暂行规定》)第6.3.6条规定无碴桥面竖向振动加速度应不大于$0.5g$。

鉴于以上对高架桥上高速列车引起地面振动的分析只限于一般衰减规律描述,况且在某些点处地面加速度值可能出现反弹增大,目前定量的判断只能借助于实测。根据《暂行规定》,高速列车无碴桥面竖向振动加速度可能达到 $0.5g$,虽然地面振动随距离而衰减,但高速公路处振动加速度仍有可能大于 $0.1g$,也即可能大于高速公路的路基和桥梁设计采用的地震动峰值加速度;另外考虑到铁路工勘资料揭示地表下 20m 深度范围内粉土、砂土判别为:粉土层液化;在高速动载作用下这些地层地基可能发生液化,临近高速公路也有可能因此受到影响。

建议运营后进行实测,若在高速公路处引起的振动加速度大于 $0.1g$,则需根据实测值对高速公路路基、构造物安全性进行详细验算,或采取减、隔振措施。

b. 列车高速运行引起的空气动力影响。

对于列车空气动力影响以及汽车承受侧向风压的安全标准国内尚无有关规范条文可执行,因此本文主要依据国内外有关科研成果进行定性分析。

国内和日本对高速列车实车线路等一系列研究表明:当列车头部和尾部通过时,列车风的水平方向速度分量分别有一个峰值,列车头部通过时的幅值比列车尾部通过时的幅值要大。研究还表明:在列车运行速度相同的情况下,列车风的水平方向速度分量与距列车侧向距离呈二次曲线关系。在距列车侧向距离相同的情况下,列车风的水平方向速度分量与列车行车速度呈二次曲线关系。一般在靠近地面的侧向列车风的速度变化对周围环境的影响最为重要,随着离列车侧向距离和离地面高度的增大,列车风的作用减弱。

目前确定人员的安全退避距离的标准,有风速标准和气动标准两种。日本和英国采用风速标准,确定人体安全退避距离时主要考虑人体在列车风作用下是否会不稳。日本以平均风速 9m/s 作为确定安全距离的危险风速标准;英国以平均风速 11m/s 作为确定安全距离的危险风速标准,以 17m/s 作为确定有扶手等设施条件下的作业安全距离。法国和德国采用空气动力标准,规定人体最大允许承受的空气动力为 100N 来确定安全距离。我国提出了对人体最大允许承受的空气动力为 100N;对路线作业的人体最大允许承受的空气动力为 130N;允许承受的列车风速为 14m/s 的建议值。《新建时速 200～250 公里客运专线铁路设计暂行规定(上、下)》中规定人体安全退避距离为 3m。

关于列车风对高速公路上的行车安全性影响主要是侧向风,高速公路上车辆侧风效应主要包括三类:

a)低风速效应:在较低风速条件下,气动升力系数因侧风而增加,气动稳定性下降,汽车高速行驶时驾驶员路感变差(即俗称的"飘")。

b)高风速效应:在高风速条件下,可能发生事故,面积大的车辆可能被侧向风吹翻,而小型车行驶过程中会严重偏向。

c）脉动风效应：当自然风的脉动成分能谱与车辆悬挂系统特征频率相近时，容易引起车辆悬挂系统共振。

在侧风影响下汽车可能出现以下几种状态：

a）在弯道中侧风作用下汽车行驶产生侧向滑移。

b）弯道中侧风作用下汽车侧向倾翻。

c）侧风作用下汽车转向稳定性下降。

为了防止上述不利于行驶情况发生，要求具备与上述相对应汽车安全行驶条件：

弯道侧风作用下：

$$F_i + F_s + G_a \leqslant F_f ; M_i + M_s + M_1 \leqslant M_G$$

式中：F_i——离心力；

F_s——侧向气动力；

G_a——汽车重力分量；

F_f——汽车行驶阻力；

M_i——惯性力矩；

M_s——侧风力矩；

M_1——气动升力矩；

M_G——重力矩。

根据相关研究成果，侧滑是控制风对汽车行驶安全和舒适性的影响形式；轿车类（轿车和商务车等）的侧风稳定性最好，一般没有侧风行驶安全问题；箱型车类（中、轻型客车、厢式货车和集装箱拖车）侧风稳定性一般，空载时问题比较严重；微型客车类侧风稳定性最差，在强风作用下驾驶比较困难。

铁路列车边缘与高速公路的并行段汽车行驶水平方向的最小距离约15m，竖直方向的最小高差为6.0m，满足人体安全退避距离的要求。而对于高速列车产生的侧向风对高速公路上行车的影响，虽然部分学者的研究建议以侧向风速为15.5m/s为控制标准，但该值是常风条件下的一般值，实际上由于铁路列车高速行驶运行引起的风压是突变性的变化，车辆行驶受其影响较为敏感。因此铁路引起的侧向风速安全值要求必然比15.5m/s小得多。因侧向风压随距离的衰减值尚无法计算，因此建议在铁路运营后进行实测，如有必要需设置风屏障。

c. 机车前照灯引起的眩光影响分析。

铁路与高速公路并行段距离较近，并存在入射偏角，极易引起眩光效应，对高速公路运营安全造成严重影响。前照灯眩光影响与光源强度、扩散角、下倾角、射程、光源相对轨顶高程、环境背景亮度、汽车驾驶员视点高低、行驶方向、铁路平面纵断面线型,高架桥宽度以及高速公路平面、纵断面线型等诸多因素有关。

前照灯有效观察射程在 1000m 以上,而人眼被照射引起的眩光感要远远大于这个距离,本文暂按 2000m 影响距离计,前照灯下倾角和有效扩散角采用机车照灯常规参数 1.5°和 10°,距轨顶高程参照阿尔斯通某型高速列车外形,取用 2.2m 左右。

另外,不考虑铁路高架桥在照灯下形成的阴影对高速公路的遮挡作用,采用空间光源照射原理,对铁路眩光发出范围和高速公路眩光受影响范围进行了估算,如图 7-1、图 7-2 所示。

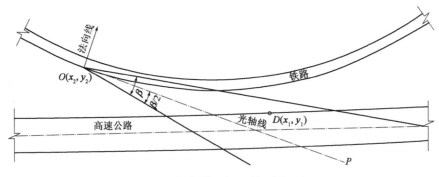

图 7-1 机车前照灯照射平面示意

D-被检查驾驶员视点位置;O-列车前照灯光源发射点;$\overleftrightarrow{OP}$-光源在轨道平面曲线上光轴线;β-前照灯扩散角

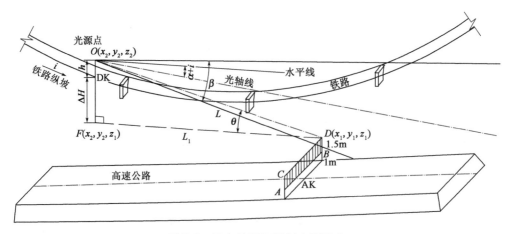

图 7-2 机车前照灯照射立面示意

A、B-小汽车驾驶员视点高度,本次计算采用 1.0m;C、D-大货车驾驶员视点控高度,本次计算采用 2.5m;O-列车前照灯光源发射点;L-前照灯光源到驾驶员视点的距离;L_1-L 在驾驶员视点平面上的投影长度;ΔH-铁路轨顶与驾驶员视点间高差;h-前照灯与轨顶间高差,本次计算采用 2.2m;i-光源点位置铁路纵坡;α-前照灯下倾角;β-前照灯扩散角;θ-驾驶员视点所接受光线与水平面的夹角经空间分析,初步估算铁路在并行范围内均会发出眩光,而高速公路范围内都会受到眩光影响。建议在铁路发出眩光的相应段落,设置防眩设施,消除影响。

(4)施工保障措施

①建议对于基坑边缘距高速公路坡脚20m范围内所有承台,均采用型钢围堰支护,型钢入土深度从原地面以下不应小于9m,采用静压法等振动小的施工方法一次性打入到位,边挖边采取内部支撑措施,确保围堰不产生位移。

②为防止高速公路侧地下水大量渗出,导致软土排水固结而产生路基不均匀沉降,应特别注意对围堰采取有效的密水措施,必要时,可在高速公路侧,在边缘距坡脚小于20m的承台段落范围内,加设地下连续隔水帷幕。另外,基坑开挖到位后,应及时做好承台封底层,隔绝地下水的渗出。

③铁路高架桥施工期间,并行段所有高架桥桥墩所对应高速公路断面处,须在高速公路土路肩边缘和坡脚各设一个观测点,对水平位移和竖向位移进行动态观测,若累计水平或竖向位移大于警戒值,应立即停止施工,并采取相应措施,加强路基稳定。同时要求用于基坑支护的钢板桩不能出现侧向位移。

④施工期间应采取有效措施确保泥浆、建筑垃圾等,不进入高速公路排水系统,以防引起阻塞、漫溢,对路基造成冲刷、浸泡。

(5)施工应急预案

建议补充完善应急机制,确保妥善处理施工突发情况。

(6)运营期安保措施

①铁路运营期间,列车运营引起的振动对相邻高速公路路基、结构物安全可能会有影响,建议运营后进行实测,若在高速公路处引起的振动加速度大于$0.1g$,则需根据实测值对高速公路路基、构造物安全性进行进一步详细验算,或采取减隔振措施。

②铁路列车高速行驶将在列车周围引起较大的空气动力效应,其中侧向风压会对附近车辆形成安全影响,因这种风压是突然变化的,车辆行驶受其影响较为敏感。而侧向风压随距离的衰减值尚无法计算,因此建议在铁路运营后进行实测,如有必要需设置风屏障。

③铁路运营期间,机车前照灯的照射将对高速公路上的车辆造成眩光效应,对行车安全造成影响。建议在铁路发出眩光的相应段落,设置防眩设施以消除影响。

7.5.2 某城市快速路并行某高速公路安全性评价

1）工程概况

某城市快速路设计时速主线80km/h,沿高速南侧布线。

该高速主线全线采用八车道高速公路标准,设计速度采用120km/h,路基宽度采用42.5m。

2）风险辨识及估计

设计和运营阶段的风险主要包括：

(1)并行段的道路线形指标不合理,间距过近等,将造成行车的安全隐患。

(2)设计未考虑受影响道路的改扩建计划,造成今后改扩建工程受影响。

(3)并行段排水体系未独立,相互侵占,影响功能。

(4)眩光对并行高速的行车安全带来不利影响。

施工阶段造成的风险主要包括：

(1)施工方案及技术措施的安全可靠性未经过论证、审核,会造成项目在施工过程中工程质量得不到有效控制或对路基稳定性造成不利影响。

(2)基坑施工对既有公路路基稳定的影响。

(3)恶劣条件下施工可能会造成结构破坏,高空起吊设备受到影响,引起设备坍塌事故。

(4)雨天施工会对现场设备材料造成腐蚀危害,增加带电设备漏电风险,从而造成人员触电事故。

(5)对电工、电焊工、起重工、架子工、测量人员等高空作业操作人员的管理不善,相关人员未取得职业资格或其在进入施工现场前未接受安全技术培训,施工作业过程中可能会导致触电、高空坠落、物体打击、人员伤害。

(6)作业施工光线不足,作业人员夜间施工、疲劳施工或违反程序赶工,会影响工程质量,从而影响结构使用寿命。

(7)施工应急预案不完备,发生紧急事故时处理不当,抢救不及时,造成财产和人身安全。

根据风险辨识过程中得出的可能存在的风险事故,结合本工程实际情况,设计和运营阶段最可能出现线形指标不合理造成安全事故,施工阶段最可能出现起吊事故、坠落事故等事故。

3）风险分析

根据以上对设计、运营和施工阶段可能存在的各种风险事故进行综合汇总分析,并采用风险接受准则对其等级进行评定,风险评价要素评级见表7-2。

风险评价要素评级　　　　　　　　　　表7-2

风险阶段	风险事故	发生概率	损失后果	风险等级
设计和运营阶段	道路线形指标不合理	二级	三级	三级
	设计未考虑受影响道路的改扩建计划	三级	二级	二级
	排水体系未独立	三级	二级	二级
	眩光影响行车安全	三级	三级	三级
施工阶段	施工方案及技术措施的安全可靠性未经过论证	二级	三级	三级
	基坑施工影响路基稳定	二级	三级	三级
	高空起吊设备坍塌事故	二级	三级	三级
	雨天施工触电事故	二级	三级	三级
	相关人员未取得职业资格或进入施工现场前未接受安全技术培训,造成触电、高空坠落、物体打击、人员伤害	二级	三级	三级
	夜间施工、疲劳施工或违反程序赶工	二级	三级	三级
	施工应急预案不完备,发生紧急事故时处理不当	二级	二级	二级

4）风险控制措施

通过风险评价结果,对于风险等级较高的事故应采取一定的风险控制措施。

(1)设计和运营风险控制措施

①设计单位应编制完善的设计文件、地质勘查资料,并通过相关审查。

②并行段间距应充分考虑未来改扩建的影响。

③应设置完善的防眩光措施。

(2)施工风险控制措施

①施工单位应编制完整的施工方案、安全防护措施和应急预案。

②施工使用机械应符合安全标准,操作人员应具有相关的职业资格证,施工操作需严格按照相应的规章制度进行。

③桥梁上部结构吊装施工时必须采取相应的安保措施,确保吊装施工安全实施。

④在进行夜间施工时,应加强施工现场的灯光以及交通标志、标牌的醒目度,灯光的布置应合理,不应对行驶车辆造成眩光等影响。

⑤施工期间应派专人对施工区域进行巡查,严禁非施工人员进入现场,现场施工人员严禁进入正常通行的车道,以免造成交通事故。

5)安全性评估

根据设计文件、施工方案以及风险估计,进行安全性评估。

(1)符合性核查

①并行式涉路工程的实施不得与公路的规划情况相冲突。经调研该高速公路未来不再拓宽改建,而是建设二通道,因此实施符合要求。

②经核查,快速路工程未侵入公路建筑限界内,也未侵入高速公路用地范围内。

③经核查,快速路工程路基、桥梁排水自成体系,未占用、借用高速公路排水系统。

④本段快速路工程线位根据相关批复建设。为减少其与高速公路之间的夹心地,其与高速公路的净距(土路肩外边缘之间的距离)在24~40m范围内,约2.33km线位在高速公路建筑控制区内,有可能在施工期间和投入运营后,对高速公路的路基、排水、构造物等,以及交通运营的安全造成一定影响,甚至造成安全隐患。因此需要对并行段铁路对高速公路的影响进行进一步分析,排除隐患,确保安全。

(2)施工期间安全影响分析

①对高速公路桩基础的影响。

快速路桥梁桩基础距高速公路桥梁基础均在30m外,远大于高速公路本身左右幅构造物的基础间距,桩基间距也远大于《公路桥涵地基与基础设计规范》(JTG D63—2007)规定的2.5倍桩径要求,同时快速路桥梁桩基均采用振动很小的钻孔灌注施工方法,因此在施工阶段对并行的高速公路构造物的影响较小,构造物是安全的。

②对高速公路路基稳定性的影响。

快速路工程下部结构桩基础施工时的开挖、振动及路基施工时机械的振动碾压对高速公路路基稳定性有一定的影响。为加强安全控制,动态跟踪高速公路路基受到的影响,及时发现可能发生的路基失稳、沉降等危害,建议对高速公路路基进行位移和沉降观测,对水平位移和竖向位移进行动态观测,若累计水平或竖向位移大于警戒值,则应立即停止施工寻找原因,并采取相应措施加强路基稳定。

(3)运营期间安全影响分析

①车辆灯光引起的眩光影响。

前照灯眩光影响与光源强度、扩散角、下倾角、射程、光源高度、环境背景亮度、汽车驾驶员视点高低、行驶方向、高速公路平面、纵断面线形等诸多因素有关。

经空间分析,高速公路区互通处,快速路会对高速产生眩光效应,为降低眩光影响,建议设置防眩装置;其余并行段施工中对既有绿化带有破坏的,施工后应进行恢复并不低于原标准,且快速路工程自身应种植大型花灌木和松柏类绿化。

②防撞设施。

为防止车辆失控冲出路基外形成二次事故,建议将快速路靠近高速公路一侧路基段防撞护栏等级提高一级,以确保高速公路及快速路自身的行车安全。

(4)施工保障措施

①建议桥梁承台、桩基施工时必须采用一定的防护措施,确保路基的安全,其施工方案和防护措施要通过专项审查后方可施工。

②快速路工程施工时应尽量不影响公路边坡形貌和排水系统,若有破坏的,施工后应予以原标准的恢复。雨季施工应采取措施及时排除积水。

(5)施工应急预案

建议补充完善应急机制,确保妥善处理施工突发情况。

(6)运营期安保措施

运营期间,快速路上车辆前照灯的照射将对高速公路上的车辆造成眩光效应,对行车安全造成影响。建议在发出眩光的相应段落,设置防眩设施以消除影响。

第 8 章
CHAPTER 8

利用公路结构物涉路行为安全评价

8.1　利用公路结构物涉路行为特点

利用公路结构物涉路工程主要指依附公路桥梁、通道等结构物或构造物来通过河流、交通通道等障碍物的涉路工程。此类建设工程主要为敷设管线设施,其施工可能造成公路建筑物破损,敷设管线的自重将影响原有公路建筑物的受力平衡,影响公路建筑物的结构安全。

利用公路结构物涉路工程的主要特点是:

(1)涉路工程受到制约或为降低工程规模,利用公路上既有的桥梁、通道等构筑物来敷设的各种管线。

(2)考虑桥梁运营的安全,对敷设的管线输送介质有特殊要求。严禁易燃、易爆、高压等管道利用或通过公路桥梁和隧道。

(3)敷设的管线会对公路结构物产生附加荷载、对结构物安全造成一定影响。在保证公路结构物安全的前提下,才允许敷设管线。

(4)涉路工程敷设的管线严禁侵入公路建筑限界,应考虑桥面净空限界和桥下通航、通车净空要求,保证公路服务功能。

(5)涉路工程管线自身的结构安全也会对公路产生一定的影响,需要综合考虑敷设位置、管道强度和挂件布设。

8.2　利用公路结构物涉路行为分类

根据公路工程一般性规定:桥梁上不宜敷设管线,仅当跨越河流等障碍物的方案不可行时才可考虑在桥梁上敷设管线。当条件允许,保证桥梁自身结构安全的前提下,原则上仅允许通信广播线缆、热力管线、供水管、35kV以下的输配电线路通过桥梁敷设。

8.3　利用公路结构物涉路行为评价内容

根据现行相关标准及规范规定,对利用公路结构物涉路行为安全评价的主要内容如下:

(1)桥梁结构安全性复核验算:上部结构的使用性能和承载能力的各项指标、下部结构的承载能力和稳定性均应满足相关规范及使用要求。

(2)管线的敷设位置以及敷设工艺:复核管线的敷设位置是否影响到桥梁正常结构和附属结构,是否符合相关规范要求,敷设的工艺是否具备可操作性等。

(3)施工保障措施:具体的施工方案的合理性、施工安全规定、施工保护措施等是否满足要求。

(4)施工交通组织方案(如需交通组织):具体的交通组织形式、标志标牌摆放、车辆的引导模式等是否符合要求。

(5)施工应急预案:核查施工应急预案的内容是否完整、预案是否具有针对性等。

8.4 利用公路结构物涉路行为安全影响分析

8.4.1 公路桥梁结构安全影响分析

利用公路桥梁敷设管线时,管线自身的重量尤其是供水管和热力管线,将会明显地增加桥梁的负荷。因此必须对桥梁结构进行管线满荷载状态下安全验算分析,包括上部结构的使用性能和承载能力的各项指标、下部结构的承载能力和稳定性均应满足相关规范及使用要求。只有在满足此前提下,才能进一步对管线利用公路桥梁产生的影响进行分析。

8.4.2 管线敷设位置安全影响分析

管线的敷设位置直接决定了后期对公路桥梁的影响,目前国内桥梁上敷设的管线一般放置在桥梁护栏外侧,很多管线采用套管保护后敷设在桥梁的人行道侧,这种做法简单方便,但是一旦车辆失控与桥梁护栏相撞,管线就可能发生断裂,引起二次事故。

因此,管线通过桥梁应敷设于桥梁面板下,利用桥梁悬臂或者钢桁桥桁架进行敷设。但对于输送液体的管道,不应安装在钢桁梁桥桁架或混凝土箱梁桥箱梁内,因为一旦管道发生泄漏,将会对桥梁产生腐蚀或破坏。安装在桥梁面板下的管线,一般宜悬挂在人行道下或箱梁悬臂下,尽量远离行车道,减小车辆振动对管线的影响。一般应满足如下要求:

(1)管线的设置不应侵入桥面净空界限和桥下净空;

(2)管线不应在桥梁立面上外露;

(3)不应设置在行车道下;

(4)输送液体的管道不允许安装在钢桁梁或混凝土箱梁内;

(5)相互间能引起危险后果的管线必须分别安装在桥梁两边,不能满足安全距离的,应考虑其他方式;

(6)管线应放置在桥梁下游一侧;

(7)多条管线应在桥梁上配重平衡。

利用人行通道穿越公路的管线,为满足通道净空的要求,宜采用埋设的方式。管线宜埋设在人行通道的单侧或两侧,管线的埋设应满足覆土厚度的要求,严寒或寒冷地区应根据土壤冰冻深度确定覆土厚度,同时应满足防冻覆土厚度的要求。

8.4.3 管线附件安全影响分析

管线的敷设一般采用附件固定的方式设置在桥梁上,为了减少附件对桥梁安全带来的影响,确定敷设位置时应充分结合桥梁的结构类型以及需采用的敷设方式进行分析。一般有以下要求:

(1)安装附件时,不宜在预应力混凝土梁上钻孔;

(2)不应将各类管道附件焊入桥梁部件中;

(3)在不引起桥梁部件应力太过集中的情况下,应使用螺栓连接桥梁;

(4)附件装置应与钢桥电绝缘,防止意外触电事故发生;

(5)对所有供水、污水管道应安装可关闭的阀门;

(6)阀门应安装在桥梁两端,供紧急时切断输送,自动关闭阀门与检查阀门应分离安装在桥梁的两端;

(7)高地震烈度区的桥梁上管道应安装压力敏感型的可自动关闭的阀门,管道应有防震措施;

(8)桥梁两端和伸缩缝处的电缆,应留有松弛部分,供桥梁热胀冷缩使用。

8.4.4 管线输送介质分析

利用公路桥梁、公路隧道、涵洞敷设电缆等设施,建设单位应向公路管理机构提出申请。从管理实践看,各地对公路桥梁、公路隧道、涵洞等设施保护的法律适用问题理解不一。例如敷设通信电缆等设施,有的地方认为其符合《中华人民共和国公路法》第四十四条规定,应当办理行政许可,有的地方认为其不属于《中华人民共和国公路法》第四十四条调整范畴,实施行政管理缺乏明确的法律依据。为加强对公路桥梁、公路隧道等设施的保护,《公路安全保护条例》对《中华人民共和国公路法》有关规定作了进一步明确和补充,将利用公路桥梁、公路隧道、涵洞敷设电缆等设施,单独设置为一类行政许可项目。需要指出的是,对于铺设高压电线和输送易燃、易爆或者其他有毒有害气体、液体的管道,则属于禁止行为,不存在许可的空间。主要是因为公路桥梁、隧道、涵洞作为公路的重要组成部分,对公路的安全畅通有着重要的作用,利用这些公路设施堆放物品、搭建设施乃至铺设高压电线及输送易燃易爆物品的管道,极有可能给这些重要桥隧结构物的安全带来较大的安全隐患,因此,需要严格予以禁止。

要分析所敷设的管道是否属于许可范围,还是禁止范围,作为进一步分析的先决条件。

8.4.5 管线施工安全影响分析

为了减小对公路的影响,管线的施工应采用方便安全的施工方案。施工过程中,不宜对公路正常运营产生影响。施工过程中,若桥上行车会对管线安装产生影响或安装过程中可能存在危险时,应提前对桥上交通进行封闭。如桥下有被交路或航道时,施工过程中如有可能对桥下交通运营产生影响的,应提前做好警示及防护工作,对需要采用吊装进行施工的,应对桥下交通及通航进行封闭,防止施工过程中产生交通事故。施工人员应具有符合要求的执业资格,施工前需对施工机械进行安全检查。施工方案应包括完整的施工操作流程及针对施工的应急预案,需进行交通组织的还应包括完整的施工交通组织方案。

8.5 利用公路结构物涉路行为案例

8.5.1 某电缆利用某桥梁跨越河道安全性评价

1)工程概况

某电缆工程建设需要在某桥梁上架设桁架以跨越河道。

桥梁跨径组合为12.5m+19.6m+12.5m,桥梁全长44.6m。拟通过锚栓固定钢板将原有盖梁加长,再架设钢桁架以放置电缆桁架,桁架为12.1m+19.1m+12.1m。

2）风险辨识及估计

设计和运营阶段的风险主要包括：

（1）电缆桁架在桥梁上敷设后桥梁荷载增加且同时造成一定的偏载,致使桥梁结构本身承载力问题引起坍塌等各种事故。

（2）电缆运营可能产生温升,对桥梁构件造成一定影响。

（3）电缆敷设对邻近其他管线存在干扰或影响。

（4）电缆桁架接地不当容易引发安全事故。

施工阶段造成的风险主要包括：

（1）施工方案及技术措施的安全可靠性未经过论证、审核,会造成施工过程中工程质量得不到有效控制。

（2）焊接过程中施工人员操作不当致使焊缝质量、螺栓锚固达不到设计要求,后期运营中出现质量问题,造成事故。操作人员不能正确防护,会造成职业伤害。

（3）恶劣条件下施工可能会造成结构破坏,引起坍塌事故。雨天施工会对现场设备材料造成腐蚀危害,增加带电设备漏电风险,从而造成人员触电事故。

（4）架子工、测量人员等高空作业操作人员管理不善,未取得职业资格或进入施工现场未进行安全技术培训,施工作业过程中会造成触电、高空坠落、物体打击、人员伤害。

（5）作业施工光线不足,作业人员夜间施工、疲劳施工或违反程序赶工,会影响工程质量,从而影响结构使用寿命。

（6）施工期间被交路交通组织不合理,会导致被交路交通堵塞、容易发生安全事故。

（7）施工应急预案不完备,发生紧急事故时处理不当,抢救不及时,造成财产和人身安全。

根据风险辨识过程中得出的可能存在的风险事故,结合本工程实际情况,设计和运营阶段最可能出现设置位置不合理造成公路结构物损坏等安全事故,施工阶段最可能出现起吊事故、坠落事故等事故。

3）风险分析

根据以上对设计、运营和施工阶段可能存在的各种风险事故进行综合汇总分析,并采用风险接受准则对其等级进行评定,风险评价见表8-1。

风险评价要素评级 表 8-1

风险阶段	风险事故	发生概率	损失后果	风险等级
设计和运营阶段	增加荷载引起结构物损坏	二级	三级	三级
	管线对其他既有管线产生影响	三级	二级	二级
	接地措施不完善	三级	二级	二级
施工阶段	施工方案及技术措施的安全可靠性未经过论证	二级	三级	三级
	焊接质量不合格	二级	三级	三级
	雨天施工触电事故	二级	三级	三级
	未取得职业资格或进入施工现场未进行安全技术培训,造成触电、高空坠落、物体打击、人员伤害	二级	三级	三级
	夜间施工、疲劳施工或违反程序赶工	二级	三级	三级
	施工期交通工程安全设施设置不健全	二级	三级	三级
	施工应急预案不完备,发生紧急事故时处理不当	二级	二级	二级

4)风险控制措施

通过风险评价结果,对于风险等级较高的事故应采取一定的风险控制措施。

(1)设计和运营风险控制措施

①设计单位应编制完善的设计文件,并通过审查。

②应充分考虑新增设施对既有设施结构和功能的影响。

③应设置完善的运营期巡检和保护措施。

(2)施工风险控制措施

①施工单位应编制完整的施工方案、安全防护措施和应急预案。

②施工使用机械应符合安全标准,操作人员应具有相关的职业资格证,施工操作需严格按照相应的规章制度进行。

③吊装施工时必须采取相应的安保措施,确保吊装施工安全实施。

④在进行夜间施工时,应加强施工现场的灯光以及交通标志、标牌的醒目度,灯光的布置应合理,不应对行驶车辆造成眩光等影响。

⑤施工期间应派专人对施工区域进行巡查,严禁非施工人员进入现场,现场施工人员严禁进入正常通行的车道,以免造成交通事故。

5）安全性评估

根据设计文件、施工方案以及风险估计，进行安全性评估。

（1）桥梁结构验算

①技术标准。

a. 本计算按照平面杆系模拟；

b. 环境类别：Ⅰ类；

c. 设计荷载：公路—Ⅰ级；

d. 桥跨布置：12.5m+19.6m+12.5m；

e. 温度荷载：按现行《公路桥涵设计通用规范》（JTG D60）取用；

f. 构件类别：钢筋混凝土构件。

②桩基承载力验算。

a. 计算模型。

本次计算使用桥梁结构计算软件 Midas/Civil 2010 进行结构建模，如图 8-1 所示。采用梁单元建模，全桥上部结构共划分为 639 个单元。

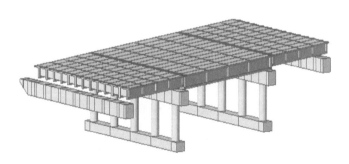

图 8-1 桥梁模型

计算中考虑到的荷载与作用包括：结构自重与二期恒载；根据机动车道及非机动车道布置，考虑最不利偏心布载，即桥梁汽车行驶宽度范围内布置 2 列车辆。考虑到施工过程中，吊车需要占据非机动车道，根据 25t 起重车轴距 4.535m+1.4m 设置起重车荷载；支座不均匀沉降（取值2mm）；整体升降温，考虑整体升温25℃，整体降温25℃；梯度温度，依规范相应规定取值；现状管道与新设电缆桁架。

b. 计算结果。

由结构模型计算得到的桩顶最大反力为 2111.5kN。得到桩基的实际承载力与承载力容许值分别为 2267kN 和 2427kN，架设钢桁架施工期和运营期桥梁承载力满足要求。

③盖梁结构验算。

a. 盖梁截面。

根据桥梁设计相关图纸(图8-2),桥墩盖梁存在厚度变化,采用最小厚度1.3m进行相关计算。

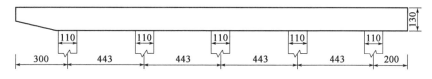

图8-2 桥墩盖梁立面图(尺寸单位:cm)

b. 盖梁计算模型。

本次计算使用桥梁结构计算软件 Dr. Bridge 3.0 进行结构建模。采用平面杆系单元模拟。

c. 新增桁架产生附加外荷载。

新增桁架中跨重4114kg,边跨重2950.75kg,桥架单层每米30kg,电缆每根每米22kg(考虑16根),中心距离盖梁边缘约0.8m。

计算得到新增桁架在桥墩盖梁处产生的最大集中力为105.1kN。

d. 盖梁整体计算结果。

a) 钢筋混凝土桥墩盖梁结构承载能力极限状态验算。

按照现行《公路钢筋混凝土及预应力混凝土桥涵设计规范》(JTG 3362)要求,混凝土受弯构件应按规定进行正截面强度验算。

计算得到盖梁极限承载力正负弯矩分别为606kN·m、-1207kN·m,小于结构抗力1764kN·m 和 -1880kN·m,整体强度满足要求。

b) 盖梁悬臂结构承载力极限状态验算(字母含义参见 JTG 3362)。

盖梁悬臂结构正截面抗弯承载能力计算:

$$M_u = 1901 \text{kN} \cdot \text{m} > \gamma_0 M_d^{❶} = 602.4 \text{kN} \cdot \text{m}$$

计算结果满足要求。

盖梁悬臂结构斜截面抗剪计算:

斜截面抗剪承载力:

$$4645.6 \text{kN} \geq \gamma_0 V_d^{❷} = 288.9 \text{kN}$$

---

❶ γ_0 为结构重要性系数;M_d 为弯矩设计值。

❷ V_d 为验算截面处的剪力组合设计值。

计算结果满足要求。

悬臂结构正常使用极限状态裂缝宽度验算：

$$W_{cr}=0.0895\text{mm}<0.2\text{mm}$$

计算结果满足 JTG 3362 的要求。

盖梁钢板加长段计算：

本次计算使用桥梁结构计算软件 Midas/Civil 2010 建立盖梁伸长钢板模型，采用板单元建模，如图 8-3 所示。

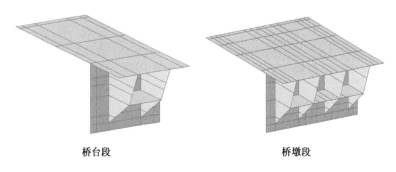

桥台段　　　　　　　　桥墩段

图 8-3　盖梁钢板伸长方案模型

上部电缆桥架荷载通过支座一部分作用于悬臂段，一部分作用于原盖梁上，本模型中对最不利的情况进行计算，即将桥架荷载作为面荷载加载于悬臂段，不考虑其作用于原盖梁部分。计算得到钢板最大应力为 113MPa，小于钢材强度设计值为 205MPa，桥台处锚栓最大剪力为 19.9kN，最大拉力为 13.9kN，桥墩处锚栓最大剪力为 31.8kN，最大拉力为 25.7kN，小于 M20 锚栓抗拉力为 125kN，抗剪力为 76kN，结构承载能力满足 JTG 3362 的要求。

（2）符合性检验

①管线输送介质。

《城市桥梁设计规范》（CJJ 11—2019）条文说明第 3.0.19 条，不得在桥上敷设污水管、压力大于 0.4MPa 的燃气管和其他可燃、有毒或腐蚀性的液、气体管。条件许可时，在桥上敷设的电信电缆、热力管、给水管、电压不高于 10kV 配电电缆、压力不大于 0.4MPa 燃气管必须采取有效的安全防护措施。

本工程为低压电缆，满足要求。

②敷设位置。

本工程中电缆桥架在桥面外侧盖梁上铺设，本报告从桥梁结构方面进行分析，新设管道对桥梁结构受力影响较小。建议核查周边管道位置，保证管道之间的安全距离。

③电缆的温升对桥梁构件的影响。

电缆运行时因存在自身的损耗而发热,从而使周围环境温度升高。电缆对桥梁的温升影响主要直接表现在电缆槽的外部对桥梁的影响,而由于各部分的散热作用,电缆槽的外部温度已接近于敷设位置的环境温度,对桥梁构件基本无影响。

④电缆对邻近通信线路电磁危险影响及静电干扰影响。

桥梁北侧人行道板下铺设有多条通信光缆,与电缆平行距离47m,由于光缆的通信芯线为石英光纤,不会产生感应电势。电缆仅在光纤通信金属外护层产生感应电势,如果通信线路采用无金属光缆或金属光缆的金属外皮可靠接地,就不存在感应电势的问题。本工程桁架安装完毕后,桁架与桁架、桁架与电缆沟、井采用热镀锌扁钢焊接连接,沟井内接地电阻不大于1Ω。因此,电力电缆对通信电缆不存在静电感应现象。

⑤附件装置要求。

本工程为避免对桥梁结构造成损坏,采用锚栓连接盖梁,并用钢板将原有盖梁加长,在其上架设钢桁架以放置电缆,管道附件未嵌入桥墩,且加长段锚栓位置与原盖梁钢筋错开,对桥梁本身影响较小。

建议对桥架表面施加防火涂层,并保障接地措施的完善可靠。

(3)施工保障措施

①施工前先向各专业管线部门了解各类管线的位置,如发现盖梁上存在与电缆桁架位置或高程有冲突的情况,及时向甲方、设计部门联系解决。

②施工方案中没有对施工进度计划进行相关说明,建议补充。建议吊装施工前应与相关管理部门协调施工时间,保障道路的正常通行及行人车辆安全。

③电缆专用桁架桥在施工和运营过程中,应设立警告牌并设置业主联系方式,防止破坏行为及意外伤害事故的发生。

④施工中噪声要严格控制。对施工人员加强教育,减少人为施工噪声的出现。夜间十点后尽量不安排施工或安排无噪声工序。

⑤施工期间自始至终保持施工区域清洁,施工结束后,派专人清扫,并适量洒水,达到环卫要求。

⑥为了避免对场外附近环境资源和财产的过度干扰,所有施工人员在指定的作业带范围、临时性工作场地、辅助施工场地和进入便道之内从事活动。禁止超占、多占地,施工机具必须在作业带内和施工便道内行走。

⑦施工期间保护现场周围的生态环境,避免污染,工程完毕后,应及时恢复地貌。生

活污水、垃圾及施工废弃物堆放到指定地点,集中拉运到收集点统一处理。

⑧吊装期间,项目部安全员应对所有参与吊装的人员进行安全教育,安全技术交底,还应对劳保用品进行检查(安全帽、安全鞋等),对高处作业人员的安全带的质量进行严格检查,以免出现安全事故。

⑨高处作业人员佩戴安全带时,应严格遵守"高挂低就"的原则。

⑩钢桁架安装后,必须检查连接质量,必须在连接确实安全可靠后,才能松钩或拆除临时固定工具,受拉、受剪焊缝要达到满焊,焊缝高度符合设计要求时,方可松钩。

⑪参加吊装的各专业工种应服从现场的统一指挥,负责人在发现违章作业时,应及时劝阻、制止,对不听劝阻继续违章操作者应立即停止其工作。

⑫起重吊装的指挥人员必须持证上岗,作业中如机械(起重车)遇突发故障,应及时将吊物放置在安全的地方,再整修机械,知道确定机械没有问题时,再进行起吊。

⑬吊装钢桁架前,本施工方案需经过交通运输管理部门审核批准,并在施工时,与交通运输管理部门密切联系。必要时,吊装期间需进行临时交通管制。

⑭吊装作业区域挂设安全警示牌,并将吊装作业区封闭,设专人加强安全警戒,防止其他人员进入吊装危险区。

⑮吊装施工时设专人收听天气预报,当风速达到 15m/s(6 级以上)时,吊装作业必须停止,并做好夏季雷雨天气前后的防范检查工作。

⑯禁止在高空抛掷任何物件,传递物件用绳拴牢。高处作业中的螺杆、螺帽、手动工具、焊条、切割块等必须放在完好的工具袋内,并将工具袋系好固定,不得随意放置,以免发生物件坠落打击伤害。

⑰焊接操作时,施工场地周围应清除易燃易爆物品或进行覆盖、隔离,下雨时停止露天焊接作业。电焊机外壳必须接地良好,其电源线的拆装由专业电工进行,并设单独的开关,开关放置在防雨的闸箱内。焊钳与把线绝缘良好,连接牢固,更换焊条时戴手套。在潮湿地点工作必须站在绝缘板或模板上。更换场地或移动把线时切断电源,不得手持把线爬梯登高。

⑱施工时尽量避免交叉作业,如不得不交叉作业时,应避开同一垂直方向作业,否则应根据现场实际情况设置安全防护层。

⑲施工现场整齐、清洁,设备材料、配件按指定地点堆放,并按指定道路行走,不准从危险地区通过,不能从起吊物下通过,与运转中的机器保持距离。下班前或工作结束后要切断电源,检查操作地点,确认安全后,方可离开。现场留专业看场人员 24h 看护现场。

(4)施工应急预案

建议补充完善应急机制,确保施工突发情况的妥善处理。

(5)施工期交通组织方案

施工方案中没有对施工期交通组织进行相关说明,建议补充。

建议本工程施工区交通组织方案:施工区域采用高度为1.2m的彩钢板做成的围挡围护施工,围栏上安装警示标志,施工路段迎车流方向距施工现场以外400m处设置"前方施工减速慢行"等警告标志。距施工现场100m以上处将施工区域与行车道路之间用锥形交通路标隔开并在起点处设置25m长渐变段提前警示,作为缓冲区域段,并设置"前方施工请绕行"等警告标志。

施工作业人员必须遵守有关交通法规,不得随意横穿道路,严禁在公路上放置施工工器具,现场人员必须听从施工负责人统一指挥,施工负责人必须听从公安机关交通管理部门的指挥,并穿着统一的安全反光标志服。

(6)运营期安保措施

①应加强电缆线路巡视,对于各接头部位的锚栓应采用防盗锚栓或其他防盗措施,发现各接头部位松动或脱落应及时处理。

②建议电缆桁架靠桥面一侧设置安全警示标志并设置防护板隔离,并定期对盖梁加长段进行巡查,以防安全事故的发生。

③应派专人定期检查接地措施,确保其有效运行,如发生突发事件,应采取完善的应对措施,避免出现人员伤亡或污染堵塞河道现象,影响桥梁和河道的正常运营。

第 9 章
CHAPTER 9

非公路标志涉路行为安全评价

9.1 非公路标志涉路行为特点

非公路标志是指除公路标志以外的指路牌、地名牌、厂(店)名牌、宣传牌、广告牌、龙门架、霓虹灯、电子显示牌、橱窗、灯箱和其他标牌设施。这些非公路标志不是公路部门设置的而是周边企事业单位所为，它们的作用是指示企事业单位位置以及展示广告、标语信息。非公路标志设置存在诸多问题：

第一，非公路标志如果设置位置不当，不仅会分散驾驶员注意力，也会影响路容路貌；如果设置不够牢固，将会发生标牌跌落或者标牌架倒塌公路上的危险，影响公路交通安全。对于利用跨越公路的设施悬挂非公路标志的情况，实践中并不少见，而其可能对公路运行安全带来的不利影响往往要大于公路用地范围内设置的非公路标志，因此，《中华人民共和国公路法》明确规定，在公路用地范围内设置非公路标志，应当经过公路管理机构的批准，进行严格的事前控制，而对于利用跨越公路的设施悬挂非公路标志，《公路安全保护条例》专门设定此类涉路施工许可项目，以强化对此类行为的规范管理。

第二，非公路标志设置主要包括设置区域、位置、间距、高度、尺寸、材料、抗风抗震能力等。由于非公路标志种类繁多，内容庞杂，对不同类型的非公路标志应当执行不同的设置标准，其具体的设置、维护规范和标准，还有待于制定和公布。

第三，跨越公路的设施主要是指跨越公路的公路桥梁、铁路桥梁、沟渠、管线等设施，对于跨越公路的公路附属设施，如承载公路标志的龙门架、限载标志等，严禁悬挂非公路标志；如果悬挂的非公路标志是广告，还应当遵守《中华人民共和国广告法》的有关规定。

利用跨越公路的设施悬挂非公路标志，《公路安全保护条例》有明确规定要办理行政许可。但对于建筑控制区内可否设立，或者是有条件设立非公路标志还存在一些争议。《公路安全保护条例》第十三条规定："在公路建筑控制区内，除公路保护需要外，禁止修建建筑物和地面构筑物"；它包括两层意思：一是禁止修建建筑物和地面构筑物；二是因公路保护需要，即公路防护、养护等公路保护需要修建建筑物、构筑物的，不受上述限制。根据《中华人民共和国公路法》和《公路安全保护条例》规定，公路建筑控制区内，修建建筑物和地面构筑物属于禁止行为，埋设管线、电缆等设施属于许可行为。如果将广告等非公路标志归为地面构筑物的范畴，则禁止设立；如果归为管线、电缆等设施的范畴,则经依法许可允许设立。从各地执行情况看,如广东、湖北、山东、福建、甘肃、宁夏、黑龙江等省出台的有关管理规定均将广告等非公路标志归为设施的范畴,设定为公路管理机构的行政许可项目,这种做法比较符合实际。理由如下:

(1)公路用地与公路的距离比建筑控制区与公路的距离要近。根据《中华人民共和国公路法》规定,经依法许可同意可以在公路用地范围内设置广告等非公路标志。这主要考虑到《中华人民共和国公路法》起草时,当时社会上流行着"马路经济"的热潮,导致公路沿线商业标志林立,这些标志多为中小型标志,结构简单,造价低。为了满足这部分特殊群体对公路使用的特殊需求,在不影响公路畅通的前提下,通过办理许可手续,允许在公路用地范围内设置非公路标志。但近年来,非公路标志在结构上追求大型化,整体高度一般在18m左右,版面面积可达100m^2。考虑到重量、抗风能力等因素,可能对公路和交通安全造成潜在危险。在确保大型非公路标志使用效果的前提下,将其设置在远离公路且地势开阔的建筑控制区内,则更为合理。

(2)不违背设立公路建筑控制区的初衷。不会形成街道化,影响行车安全。设立建筑控制区主要针对建筑物而言的,比如公路控制区内存在建筑物,必然产生人流和车流出入公路,与公路逐渐形成平面交叉,交叉道口过多,一方面需要增加管理和维护成本,另一方面必然降低公路的通行能力,因此,公路建筑控制区对建筑物是绝对禁止的。而非公路标志属于特殊的构造物,其相对整个公路运行系统而言,相对独立,不会产生人流和车流,对公路的通行能力和交通安全也影响甚微。可以避免影响行车视距。在行政许可过程中,尽量选择视野开阔的地段设置非公路标志,能够有效避免对行车视距的干扰。在公路用地范围内设置非公路标志也面临同样问题,二者相比,在公路建筑控制区设置非公路标志对行车视距影响更小,而且选择设置的空间也更为广阔。可以避免对公路扩建产生影响。在控制区禁止修建建筑物和地面构筑物还有一个重要目的,就是为公路今后的升级和拓宽而预留土地,节约国家有限的公路建设资金。但非公路标志并非永久性设施,只是在一段时期内存在。如果在行政许可时,结合公路改、扩建规划,合理确定非公路标志的设置年限,并明确达到许可年限即做拆除处理,则可以避免与公路建设用地的冲突。

因此,经过有关公路管理机构许可,可以在公路建筑控制区内设置广告牌等非公路标志,这不仅符合《中华人民共和国公路法》和《公路安全保护条例》有关规定,也符合公路管理实际。但非公路标志的设置管理,不仅要遵循统一规划、规范管理、依法许可、总量控制的原则,还要符合安全、规范、协调、美观、节约用地的要求。这些还有待于交通运输部制定相关配套规章,进一步规范公路两侧非公路标志的设置管理。

目前非公路标志的设置存在很多问题：

(1)不规范的非公路标志对安全运营带来巨大威胁。

(2)非公路标志影响了公路交通标志的正常使用。

(3)非公路标志设置存在大量的安全隐患,倒塌及缺损现象严重。

(4)非公路标志设置杂乱,影响路容路貌。

(5)非公路标志设置不规范,信息量常常很大,识别性差。

非公路标志涵盖的范围非常广,形式多样、用途各异,不同地方的理解不同。定义非公路标志要从其设置位置、设置功能、服务对象角度入手,并且需要与交通标志相区别。基于此,将非公路标志严格定义为:设置于公路两侧公路用地和建筑控制区范围以内,除《道路交通标志和标线》(GB 5768)、《公路工程技术标准》(JTG B01)等国家标准和行业标准所规定的公路交通标志以外的标志。

根据以上定义包含了非公路标志涉路行为的两个主要特点：

第一,涉路行为安评的对象应为位于公路两侧用地和建筑控制区范围内的非公路标志。

上述公路用地和建筑控制区范围具体可分为公路用地、高速公路主线收费站区、高速公路匝道收费站区、高速公路服务区、公路建筑控制区。参考《江苏省高速公路沿线广告设施管理办法》(2012)中第三十七条对上述区域做了明确定义：

(1)高速公路用地是指高速公路两侧隔离栅或公路界桩以内的区域。

(2)高速公路主线收费站区是指高速公路建筑控制以内,主线收费站收费亭中心线位置向公路纵向延伸不超过300m范围。

(3)高速公路匝道收费站区是指高速公路建筑控制区以内,匝道收费站收费亭中心位置向公路纵向延伸各不超过150m范围。

(4)高速公路服务区是指高速公路隔离栅以内单侧驶入服务区的减速车道起点至驶离服务区的加速车道终点之间的区域。

(5)高速公路建筑控制区是指高速公路隔离栅外缘起30m内区域,互通立交、特大型桥梁隔离栅外缘起50m内区域。没有隔离栅的,从公路用地外缘起算。

第二,非公路标志设置应以不影响交通安全行驶,不影响公路交通标志正常使用为原则。

非公路标志的设置应在不影响交通安全行驶前提下进行,为此其设置的位置及最小净高都有严格的要求,并且其结构的强度、刚度、稳定性、防雷、防腐均需满足相关规范的要求。

9.2 非公路标志涉路行为分类

非公路标志可根据结构类型分为：柱式结构、高耸式结构及附着式结构；柱式结构为标志净高在3m以下，支撑面积较小的非公路标志板的支撑结构；高耸式结构为标志净高在3m以上，结构横截面面积相对较小，顶端支撑较大型非公路标志板的细长支撑结构；附着式结构为附着于墙体及结构物上的非公路标志。

非公路标志根据标志内容可分为：广告、标语类非公路标志、单位指引非公路标志、旅游景点指引非公路标志及墙体标语；广告、标语类非公路标志为展示行业形象，产品广告或宣扬公路管理机构风貌、体现国家政策、倡导安全行车等内容的公益性标语的非公路标志；单位指引非公路标志：指引特定单位名称、位置、方向、距离的非公路标志；旅游景点指引非公路标志：指定特定旅游景点名称、位置、方向、距离的非公路标志；墙体标语：涂刷于公路两侧墙体、护坡等处的标语及广告。

9.3 非公路标志涉路行为评价内容

非公路标志涉路行为评价内容一般有：

(1) 根据非公路标志的设置的相关信息，确定其设置的位置是否合理，以及其结构本身强度、刚度、稳定性是否符合相关规范要求，进而辨识和分析其可能对公路安全形成的安全隐患。

(2) 施工期间危险因素分析。

施工过程中高处坠落（施工人员从脚手架、塔式起重机、结构或设备上坠落）、触电、机械伤害（人员被吊装设备、各种桩机等伤害）、车祸（施工过程中施工人员发生车祸、结构倒塌与公路车辆发生事故）。

(3) 运营期间危险因素分析。

①非公路标志位置设置不合理、信息量很大、认识性差、容易分散驾驶员注意力，影响交通标志的正常使用。

②其结构安全不过关，倒塌及缺损现象严重，危及路上行驶车辆。

9.4　非公路标志涉路行为安全影响分析

现有的非公路标志尤其是一些大中型非公路标志大多分布在高速公路和国省干线等交通流量比较大的公路附近的重要位置,比如交叉路口、集镇、弯道内外侧等,有些大型非公路标志甚至已经深入到公路建设限界,在遇到恶劣天气、非公路标志自身质量存在瑕疵、维护不到位、受到强制外力作用等方面的问题,就会对行车安全造成不利影响,根据实践经验,应禁止在遮挡公路标志;妨碍安全视距;有可能诱导驾驶员转移注意力,易发安全事故的路段;其他影响交通安全、人身安全的路段等位置设置立柱式大、中型非公路标志。

9.5　非公路标志涉路行为案例

9.5.1　某高速公路跨线桥户外宣传牌

1）工程概况

某高速公路现状为双向4车道,设计速度120km。某城市道路为双向四车道,设置匝道桥上跨高速,桥梁跨径组合为4×20m,上部结构采用预应力混凝土空心板,下部结构采用柱接盖梁,桥台采用实体桥台,基础采用钻孔灌注桩。桥梁内外侧护栏采用钢筋混凝土墙式护栏,桥下净高为5m。

按照中国抗震烈度区划图划定,该地区抗震设防烈度为7度,设计基本地震加速度值为$0.10g$;设计地震分组为第一组。

采用板式钢结构宣传牌,设置在跨线桥两侧绿化带内,每块宣传牌长6.55m,高3.8m,每侧为12块,全桥共计24块,全长159.4m。宣传牌立面及平面详见图9-1和图9-2。

钢结构支架、牌面以及钢结构除锈防腐处理在工厂内完成,与此同时进行宣传牌基础化学螺栓预埋及检测,支架及牌面结构运输至现场、按位置布置到位后,现场进行牌面结构吊装、焊接固定。

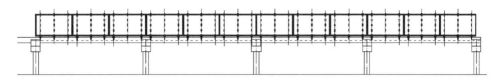

图 9-1 宣传牌立面

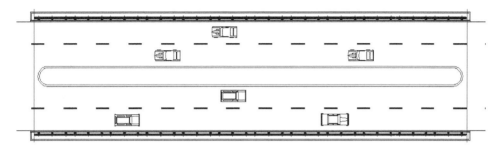

图 9-2 宣传牌平面

2）风险辨识及估计

设计和运营阶段的风险主要包括：

(1) 钢结构材质、设计影响。

钢结构工程结构材质及设计会对工程质量安全造成本质影响，致使工程在施工或使用过程中由于结构本身质量安全问题引起坍塌及各种事故，从而影响高速公路运行。

影响工程本身质量安全的主要因素有：

①材质选型不当，不满足设计荷载要求。

②材料供应商将不合格材料按合格出厂，在合格证或质量证明书上作假，致使材料实际强度不能满足工程质量要求。

③材料进场检验不按规范进行验收、检测存在失误，检测结果出现误差，致使不合格材料得到使用。

④材料进场后保管不善，致使材料腐蚀、断裂、影响材料使用性能。

⑤设计图纸存在错误，钢结构不能满足实际使用环境对结构强度、刚度、稳定性的要求。

⑥钢结构在制作过程中，作业人员操作失误或对施工图纸理解偏差，致使材料不能满足设计要求。

(2) 腐蚀影响。

金属钢结构如防腐施工或维护保养不规范，在使用过程中，会受到空气中水分及腐蚀性微尘影响,造成金属腐蚀破坏,特别是焊接接头或其他连接部位最易产生腐蚀,从而影响钢结构材料力学特性,造成构架脱落,引发高速公路交通事故。

(3)强风影响。

因上跨高速公路,如设计、施工不合理,在强风作用下,特别是台风作用下,结构构件特别是与桥梁连接部位有可能发生破坏,造成构件脱落,引发高速公路交通事故。

(4)雷电影响。

高空金属宣传牌会受到雷电影响,积累电荷放电,如防雷设计、施工不当,会引发人员触电危害。

(5)地震与塌陷。

在地震作用下跨线桥可能发生垮塌,从而造成宣传牌倒塌事故。

(6)外力破坏。

外力破坏的形式包括跨线桥维护保养或路面交通事故时,事故车辆、设备、机械破坏宣传牌结构,造成部件脱落,会影响下方高速的正常通行。

施工阶段造成的风险主要包括:

(1)钢结构运输过程中危险有害因素分析。

宣传牌设置在互通匝道桥梁两侧,该道路为城市主干道,车流量大,在运输过程中对道路通行造成一定的压力,且因为钢结构体形较大,在进行运输过程,如果操作不当,会造成车辆翻车、设备损坏、人员伤亡,导致公路设施被破坏,从而对道路通行造成影响。影响运输安全的主要因素有:

①使用不满足交通运输要求的车辆进行运输。

②车况不佳、车辆有故障,如制动器无效、转向灯失灵。

③路况不佳,路面有缺陷、障碍物、积水、冰雹等。

④驾驶员无证驾驶,或驾驶执照不满足驾驶大型车辆的要求。

⑤运输过程中,驾驶员违章驾驶、注意力不集中、车速过快、超载。

(2)钢结构吊装过程中危险有害因素分析。

钢结构在工厂制作,施工现场使用起重机进行安装作业,因桥下为高速公路,在施工过程中交通不中断,如在吊装过程中发生意外事故、设备、构件、人员可能坠落至高速公路上,造成二次事故,从而造成人员伤亡,影响交通。在吊装过程危险有害因素分析见表9-1。

吊装过程中危险有害因素　　　　　　　表 9-1

序号	危险因素	可能发生的危害事件	可能造成的伤害
1	工具、吊具、构件	工具坠落	物体打击、交通事故、人员伤亡
		吊具断裂	物体打击、交通事故、人员伤亡
		构件坠落	物体打击、交通事故、人员伤亡
		人员坠落	物体打击、交通事故、人员伤亡
2	起重机	粗心工作	物体打击、交通事故、人员伤亡
		非司机操作	设备损坏、交通事故、人员伤亡
		操作失灵	设备损坏、交通事故、人员伤亡
		不听指挥	设备损坏、交通事故、人员伤亡
		起重车回转半径内有人	物体打击、交通事故、人员伤亡
		起重机倾斜	物体打击、交通事故、人员伤亡
		起重车倾斜	物体打击、交通事故、人员伤亡

（3）现场焊接施工危险有害因素分析。

施工现场钢结构连接主要使用焊接工艺连接，在现场焊接施工作业过程中，主要危险有害因素有：

①火灾、爆炸：焊接过程中使用的乙炔、氧气为可燃、助燃气体，施工现场有可能存放油料等易燃物质，且焊接过程中产生明火，如施工管理不善，明火接触易燃、可燃物质，便会引发火灾、爆炸事故。另在电弧焊接作业中的线路短路、过载运行、导线接触不良、松脱等，易引发电气火灾事故。

②灼伤：焊接过程中产生大量的金属熔渣四处飞溅，如现场施工人员未正确穿戴防护用品，或施工现场防护不当，会造成人员灼伤事故。

③触电：在进行电弧焊接时，现场使用临时移动电源，且四周均为金属导体，如操作不当，极易发生触电事故。由于建设地点位于高速公路上方，属高空作业，如发生触电事故，还会引起人员高空坠落，造成二次伤亡事故，并有可能产生车祸，影响下方高速公路的通行。

④职业危害：焊接过程中产生的职业危害因素可分为物理有害因素和化学有害因素两大类。在焊接过程中，存在的物理有害因素有：电弧弧光、高频电磁波、热辐射、噪声及放射线等；焊接过程中产生的化学有害因素主要为电焊产生的烟尘和有害气体。因此焊接过程中，如操作人员不能正确防护，会造成职业伤害。

⑤机械伤害：焊接的部分钢结构体形较大，在实际施工过程中如防护不当，会造成挤、压、砸等伤害事故。

（4）环境因素对工程施工安全影响分析。

①大风天气：如遇6级以上大风进行工程结构安装，可能会造成结构破坏，影响道路交通，另在大风条件下，高空起吊设备受到影响，引起设备坍塌事故。

②雷电影响：金属结构如施工过程中遇到雷电天气，金属导体会对施工人员造成伤害。

③雨水影响：雨季施工会对现场设备材料造成腐蚀危害，增加带电设备漏电风险，从而造成人员触电事故。

④地震、坍塌影响：如发生地震、坍塌事故，会造成现场设备、材料受到破坏，道路无法通行。

（5）施工方案及技术措施的安全可靠性在施工前，未经过论证、审核，建设单位、设计单位、施工单位之间未进行有效沟通、技术交底，会使得施工过程中工程质量得不到有效控制。

（6）对电工、电焊工、起重工、架子工、测量人员等高空作业操作人员的管理不善，相关人员未取得职业资格或进入施工现场前未接受安全技术培训，施工作业过程中可能会导致触电、高空坠落、物体打击、人员伤害。

（7）作业施工光线不足，作业人员夜间施工、疲劳施工或违反程序赶工，会影响工程质量，从而影响结构使用寿命。

根据风险辨识过程中得出的可能存在的风险事故，结合本工程实际情况，设计和运营阶段最可能出现结构设计不合理造成安全事故，施工阶段最可能出现起吊事故、坠落事故等事故。

3）风险分析

根据以上对设计和施工阶段可能存在的各种风险事故进行综合汇总分析，并采用风险接受准则对其等级进行评定，风险评价要素评级见表9-2。

风险评价要素评级　　　　表9-2

风险阶段	风险事故	发生概率	损失后果	风险等级
设计和运营阶段	增加荷载引起结构物损坏	二级	三级	三级
	腐蚀、强风、雷电、地震、外力等破坏导致掉落	三级	三级	三级

续上表

风险阶段	风险事故	发生概率	损失后果	风险等级
施工阶段	施工方案及技术措施的安全可靠性未经过论证	二级	三级	三级
	焊接质量不合格	二级	三级	三级
	高空起吊设备坍塌事故	二级	三级	三级
	雨天施工触电事故	二级	三级	三级
	未取得职业资格或进入施工现场未进行安全技术培训,造成触电、高空坠落、物体打击、人员伤害	二级	三级	三级
	夜间施工、疲劳施工或违反程序赶工	二级	三级	三级
	施工应急预案不完备,发生紧急事故时处理不当	二级	二级	二级

4)风险控制措施

通过风险评价结果,对于风险等级较高的事故应采取一定的风险控制措施。

(1)设计和运营风险控制措施。

①设计单位应编制完善的设计文件,并通过审查。

②设计时应验算桥梁的承载能力和标志本身的结构安全。

③设计应规定防腐要求和防雷接地方案。

(2)施工风险控制措施。

①施工单位应编制完整的施工方案、安全防护措施和应急预案。

②施工使用机械应符合安全标准,操作人员应具有相关的职业资格证,施工操作需严格按照相应的规章制度进行。

③吊装施工时必须采取相应的安保措施,确保吊装施工安全实施。

④在进行夜间施工时,应加强施工现场的灯光以及交通标志、标牌的醒目度,灯光的布置应合理,不应对行驶车辆造成眩光等影响。

⑤施工期间应派专人对施工区域进行巡查,严禁非施工人员进入现场,现场施工人员严禁进入正常通行的车道,以免造成交通事故。

5)安全评估分析

根据设计文件、施工方案以及风险估计,进行安全性评估。

(1)广告牌结构验算。

①结构概述。

宣传牌展板面积为6.55m×3.8m,宣传牌立面布置如图9-3所示。展板钢材均采用Q235,其中立柱采用双C16a组成的格构式缀条柱,主横梁采用C10,弦杆及缀条均采用角钢规格I50mm×4mm,展板外立面铺设厚度为0.6mm的镀锌铁皮。

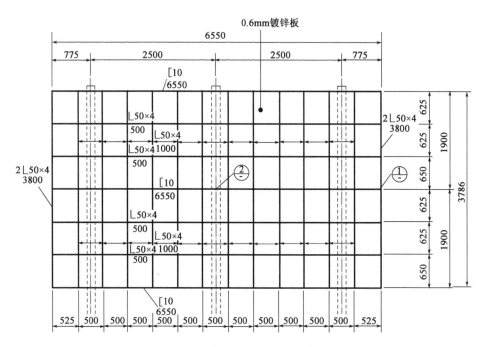

图9-3 双面宣传牌立面图(尺寸单位:mm)

其中宣传牌通过植筋方式与桥梁板梁及混凝土护栏进行连接,护栏现状及宣传牌与桥梁连接结构如图9-4所示。

②结构验算。

采用 MIDAS Civil2010 软件对6.55m×3.8m板式宣传牌进行结构分析计算,计算模型如图9-5所示。

a.整体结构。

宣传牌为空间桁架结构,主要承重结构为横梁与钢柱,在计算模型中主梁与钢柱模拟为梁单元,弦杆模拟为杆单元,镀锌铁皮模拟为板单元,钢柱底以及与桥梁护栏连接位置采用铰接模拟。

b.自重荷载。

由于宣传牌结构杆件之间通过焊接连接,模型中通过对杆件自重乘以1.05的放大系数模拟焊缝所引起的重量增加。

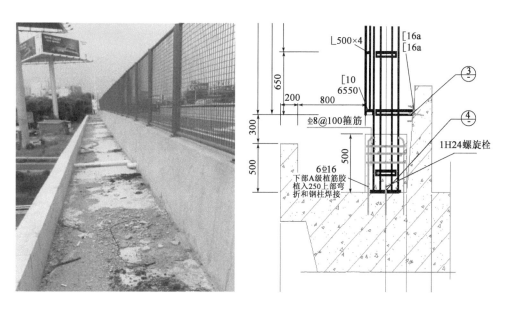

图 9-4　护栏现状及与宣传牌连接节点大样(尺寸单位:mm)

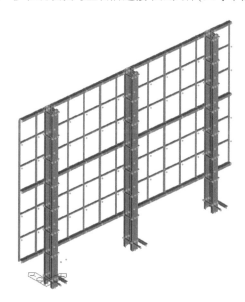

图 9-5　宣传牌计算模型图

c. 风荷载。

高速公路桥下通行净空要求不小于为 5.0m,考虑安全因素富裕 0.5m,20m 跨线桥梁空心板梁的梁高加铺装为 1.1m,宣传牌柱长为 4.7m,故宣传牌顶部距离地面高度约为 $(5+0.5+1.1+4.7)=11.3m$,取 $h=12m$ 处风荷载进行结构验算。

施加在户外宣传牌上高度 $z=12m$ 处的单位面积风荷载标准值：

$$W_k = 0.55(kN/m^2)$$

振型系数 φ_z 与结构自振周期有关,根据计算的振型数应使振型参与质量不小于总质量的90%的要求,利用特征值向量法,计算宣传牌结构的前10阶固有频率及其周期,见表9-3,结构第1阶振型见图9-6。

结构固有频率及周期　　　　　　　　　　　表9-3

模态号	频率 (rad/s)	频率 (周期/s)	周期
1	15.885	2.528	0.396
2	42.555	6.773	0.148
3	43.717	6.958	0.144
4	66.026	10.508	0.095
5	89.354	14.221	0.070
6	89.355	14.221	0.070
7	101.275	16.118	0.062
8	101.291	16.121	0.062
9	106.504	16.951	0.059
10	106.989	17.028	0.059

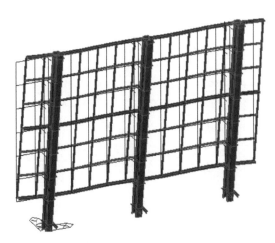

图9-6　结构第1阶振型

d. 地震作用。

由于地处地震烈度7度区,按照现行《户外广告设施钢结构技术规程》(CECS 148)规定,7度区地基静承载力标准值大于80kPa,且高度不超过25m的落地宣传牌钢结构可以不进行截面抗震验算,宣传牌高度为12m,依附在桥梁结构上,因此不进行抗震验算。

e. 荷载组合。

风荷载的组合值、频遇值和准永久值系数可分别取 0.6、0.4 和 0。宣传牌的结构荷载组合如下：

承载能力极限组合(结构强度及承载力计算)：1.2×自重+1.4×风载

正常使用极限组合(结构变形计算)：1.0×自重+1.0×风载

f. 强度、刚度验算。

横梁主梁及弦杆应力图如图 9-7 所示。

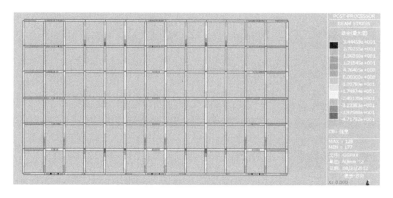

图 9-7　横梁主梁及弦杆应力图(单位：MPa)

横梁主梁及弦杆强度：

横梁最大拉应力 34.4MPa，最大压应力 47.2MPa，均小于强度设计值 215MPa，横梁强度满足要求。

拉压弦杆(I50mm×4mm)刚度：

$\lambda = \dfrac{\mu l}{i}$❶ $=65.7<150$；刚度满足要求。

主梁(C10)刚度：

$\lambda = \dfrac{\mu l}{i}=63.5<150$；刚度满足要求。

钢柱应力图如图 9-8 所示，钢柱强度验算：

钢柱最大拉应力 81.7MPa，最大压应力为 77.9MPa，小于强度设计值 215MPa，钢柱强度满足要求。

钢柱刚度验算：

$\lambda = \dfrac{\mu l}{i}=120.8<150$；刚度满足要求。

---

❶　l 为节点中心距离(mm)；i 为回转半径(mm)。

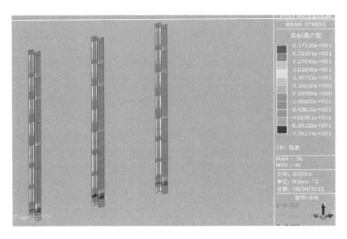

图 9-8　钢柱应力图(单位:MPa)

钢柱稳定性验算:

$\sigma = \dfrac{N}{A} = 7.68\text{MPa} < \varphi[\sigma] = 256\text{MPa}$❶;钢柱满足稳定性要求。

钢柱位移图如图 9-9 所示,钢柱位移验算:

在标准风荷载作用下钢柱顶最大位移 $1.08\text{cm} < 380/100 = 3.8\text{cm}$,满足要求。

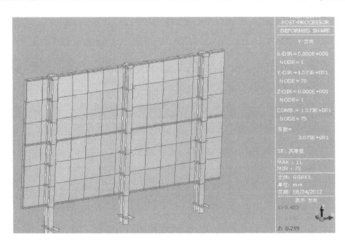

图 9-9　钢柱位移图(单位:mm)

g. 疲劳验算。

为了验算宣传牌在风致振动的疲劳损伤问题,首先根据 Kaimal 脉动风谱模拟出脉动风速时程,通过建模计算出在脉动风荷载作用下结构最大受力杆件的应力变化时程数据,然后用雨流法进行应力幅频次统计,得出宣传牌的设计应力谱以及等效应力幅,最后

---

❶ N 为计算截面处的拉力设计值(N);A 为截面面积(N/mm^2);φ 为压杆折减系数。

按《钢结构设计标准》(GB 50017)进行杆件疲劳验算。

a)脉动风速模拟。

假设结构的脉动风谱符合Kaimal谱变化规律,即:

$$S_v(n) = 200u^2 \frac{x}{n(1+50x)^{5/3}}$$

$$x = \frac{nz}{\bar{v}_z}$$

式中:$\bar{v}_z$——z高度处的平均风速(m/s);

n——脉动风频率(Hz)。

在进行脉动风模拟时,取不利情况,首先根据结构的设计风压(0.55kN/m^2),从而算得设计平均风速为30.4m/s。然后通过风速模拟程序可得作用在结构上的脉动风速时程曲线,如图9-10所示。

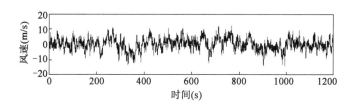

图9-10 脉动风速时程曲线

由上面的脉动风速时程可以得到作用在结构上的脉动风压为:

$$w(x,z,t) = \frac{\gamma}{g}u_s\bar{v}(z)v(x,z,t)$$

式中:$w(x,z,t)$——作用在结构某一点的脉动风压(kN/m^2);

γ——空气重力密度(kN/m^3);

u_s——结构体型系数;

$\bar{v}(z)$——z高度处的平均风速(m/s);

g——重力加速度,$g=9.81\text{m/s}^2$;

$v(x,z,t)$——作用在结构某一点的脉动风速(m/s)。

b)结构设计等效应力幅计算。

因为宣传牌在风荷载作用下的疲劳问题为变幅疲劳,所以应先预测其在使用寿命期间风荷载的频率分布、应力幅水平以及频次分布总和所构成的设计应力幅,将其折算成等效常幅疲劳问题进行结构疲劳验算。

选取宣传牌在静力风荷载作用下的最大拉应力点作为疲劳验算的关键点,通过

Midas动力时程分析程序可以得出该点在脉动风压作用下结构的疲劳应力时程,然后按雨流法进行应力幅频次统计,得出宣传牌的设计应力谱。

设计应力谱包括应力幅水平 $\Delta\sigma_1$、$\Delta\sigma_2$…$\Delta\sigma_i$…及对应的循环次数 n_1、n_2…n_i…(统计分析时,$i=10$),然后按目前国际上通用的 Miner 线性累计损伤原理进行计算可得变幅疲劳的等效应力幅计算公式:

$$\Delta\sigma_e = \left[\frac{\sum n_i (\Delta\sigma_i)^\beta}{\sum n_i}\right]^{1/\beta}$$

$$\Delta\sigma_e \leq [\Delta\sigma]$$

$$[\Delta\sigma] = \left(\frac{C}{n}\right)^{1/\beta}$$

式中:$\Delta\sigma_e$——变幅疲劳的等效应力幅;

$\sum n_i$——以应力循环次数表示的结构预期使用寿命;

n_i——预期寿命内应力幅水平达到 $\Delta\sigma_i$ 的应力循环次数。

c)结构疲劳验算。

通过前面的结构静力计算可知,该宣传牌上部最大拉应力构件在横梁构件内,以横梁构件内最大应力点位置及立柱底部位置作为疲劳验算的控制点,验算其是否满足相关规范要求。横梁最不利构件应力时程曲线、立柱底最不利位置应力时程曲线和横梁及立柱疲劳验算分别如图 9-11、图 9-12 和表 9-4 所示。

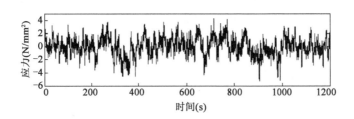

图 9-11 横梁最不利构件应力时程曲线

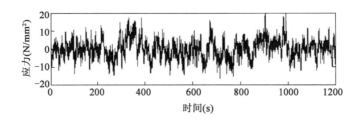

图 9-12 立柱底最不利位置应力时程曲线

横梁及立柱疲劳验算　　　　　　表 9-4

项目	等效应力幅 （N/mm²）	容许应力幅 （N/mm²）
横梁最不利构件	5.7	51
立柱最不利构件	27.9	128

由上述分析可得,横梁及立柱的疲劳验算满足相关规范要求。

（2）桥梁混凝土护栏结构验算。

①整体结构。

因宣传牌依附在桥面结构以及混凝土护栏上,混凝土空心板梁整体性能较好,能够满足宣传牌受力要求,而混凝土护栏为悬臂结构在风荷载作用下以及车辆撞击荷载作用下,护栏根部 A-A 断面位置有可能发生破坏,因此对混凝土护栏结构进行强度以及抗裂验算。宣传牌与桥梁连接节点大样图如图 9-13 所示。

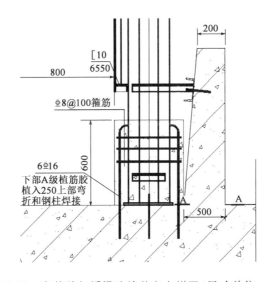

图 9-13　宣传牌与桥梁连接节点大样图(尺寸单位:mm)

②风荷载。

宣传牌在风荷载标准值作用下对桥梁混凝土护栏作用力 $F_k = 3.75 \text{kN}$,作用点距离护栏根部 0.8m。风荷载标准值作用下支点反力图如图 9-14 所示。

③车辆碰撞荷载。

本桥护栏采用 SA 级钢筋混凝土墙式护栏,故碰撞荷载标准值为 86 kN/m,作用点距离护栏顶面 5cm。

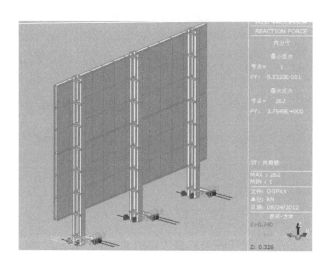

图 9-14　风荷载标准值作用下支点反力图(单位:kN)

④荷载组合。

因车辆碰撞荷载为偶然荷载,故该状态下只做承载能力验算,而护栏正常使用状态下,需验算由宣传牌传递的风荷载作用下抗裂是否满足规范要求,故护栏荷载组合如下:

承载能力极限组合(结构强度及承载力计算):1.0×风荷载+1.0×车辆碰撞荷载

正常使用极限组合(结构抗裂计算):1.0×风载

⑤计算结果。

a.结构强度验算:

相对界限受压区高度:0.550

受压区高度:14mm

相对受压区高度:$\xi = 0.550$

纵向受拉钢筋:$687mm^2$

配筋率:0.15%

最小配筋率:$\rho_{min} = 0.21\%$

最小纵向普通钢筋面积:$A_{s,min} = 1075m^2$

查阅护栏配筋图,实配 $\phi20@200$,$A_s = 1571mm^2 > 1075mm^2$,满足要求。

b.抗裂验算:

按有效受拉混凝土截面面积计算的纵向受拉钢筋配筋率 ρ_{te}。

对矩形截面的受弯构件:$\rho_{te} = 0.00628$

在最大裂缝宽度计算中,当 $\rho_{te} < 0.01$ 时,取 $\rho_{te} = 0.01$。

按荷载效应的标准组合计算的纵向受拉钢筋的等效应力 σ_{sk}。

受弯: $\sigma_{sk} = 5\text{N/mm}$

裂缝间纵向受拉钢筋应变不均匀系数: $\psi = -25.629$

当 $\psi < 0.2$ 时,取 $\psi = 0.2$。

最大裂缝宽度: 0.002mm,满足相关规范 0.02mm 要求。

(3)施工保障措施。

①因宣传牌位于互通匝道桥梁两侧,施工将影响该段道路的正常通行,因此施工前应与有关部门做好协商工作,避免在施工过程中出现交通事故;且宣传牌上跨高速公路,施工期间应在桥梁最外侧做好防护措施,防止人员及物体坠落,造成安全事故,影响桥下正常通行。

②钢结构宣传牌的施工应符合现行《钢结构工程施工质量验收标准》(GB 50205)的相关规定,并符合结构安全、用电安全等方面国家及行业相关规定。

③钢结构宣传牌施工前应具备下列条件:

a. 设计文件齐备,经审查通过;

b. 构件齐全、质量合格,具有产品质量保证书;

c. 施工组织设计及施工方案齐全、合理,并获公路管理机构批准;

d. 施工场地符合施工组织设计要求;

e. 水、电、道路能满足需要并能保证连续施工。

④钢结构宣传牌基础植筋高强螺栓施工:

a. 高强螺栓在施工前必须有材质证明书(质量保证书)必须在使用前做复试。

b. 植筋后应该做抗拔试验,抗拔力不应小于锚栓的设计承载力。

c. 因螺栓预埋在预应力混凝土空心板梁上,故应控制埋入深度,以防梁板顶部被打穿。

⑤钢结构宣传牌的安装须满足以下条件:

a. 安装前须取得预埋基础验收的合格资料。

b. 焊接人员必须经考试合格并取得合格证书,并须在其考试合格项目及其认可范围内施焊。

c. 焊接材料的强度宜与主体钢材的强度相适应。当不同强度的钢材焊接时,宜按强度低的钢材选择焊接材料。当大直径圆钢焊接时,宜按强度低的钢材选择焊接材料。当大直径圆钢对接焊时,宜采用铜模电渣焊及熔槽焊,也可用"X"形坡口电弧焊。对接焊缝强度不应低于母材强度。当钢管对接焊接时,焊缝强度不应低于钢管的母材强度。

d. 照明光源应选用体积小、重量轻、造型优美,防腐蚀、耐候性好的灯具。灯具应采取防雨、防尘措施。

e.应注意灯具照明方向,不应造成行车炫目。

(4)施工应急预案。

建议补充完善应急机制,确保施工突发情况的妥善处理。

(5)运营期安保措施。

①避雷接地系统。

a.钢结构柱体、框架和金属面板均应作防雷设计。

b.防雷设计中应具有防止直接雷、感应雷和防雷电波侵入的措施。

②宣传牌防腐。

a.钢结构除锈和涂层按《钢结构工程施工质量验收标准》执行,设计除锈质量等级Sa2.5的规定,满足要求。

b.钢结构除锈后刷环氧富锌底漆两道,每道干膜厚度为50um,聚氨酯面漆两道,每道干膜厚度为50um,满足所有钢构件出厂前均需涂防锈底漆两遍的要求。

c.钢结构安装完毕后,应对焊接部位、紧固件以及防锈受损的部位进行补漆。

d.外露的钢构件,应结合建筑装饰要求做好防锈处理。

e.高强螺栓结合面上不得油漆。

f.户外广告设施钢结构防腐保养必须每年进行一次,应对构件锈蚀、油漆脱落、龟裂、风化等部位的基底进行清理、除锈、修复和重新涂装。当钢结构涂层表面光泽失去达80%,表面粗糙、风化龟裂达25%和漆膜起壳时,应及时修补。

③钢结构宣传牌表面发生破损时,申请人应及时进行修复。

④当钢结构涂层表面光泽失去达80%、表面粗糙、风化龟裂达25%和漆膜起壳时,应及时维护。

⑤构件连接点(焊缝、螺栓、锚栓)应每年检查一次,发现焊缝有裂痕、节点松动时,应及时修补及紧固。

⑥对灯光、供电、电气控制设备应每月维护一次,确保用电安全。

⑦在以下特殊气候季节前后应对宣传牌进行特别维护与保养:

a.大风季节,应对钢结构进行突击检修和维护保养,重点是结构强度、刚度和结构节点、连接焊缝、螺栓、螺栓(锚栓)。

b.大风季节,应对钢结构与标志板连接的牢固程度进行检修保养和加固处理,尤其是标志板的螺钉(包括铆钉),材料的风化、锈蚀程度。薄膜结构的广告画面,应对其牢固度、风化、老化程度进行检修和加固,钢绳的绑扎应牢固可靠。

c.雨季,应检查避雷设施和电器安全保险设置,保证安全。

⑧宣传牌宜定期进行结构安全、用电安全方面检测。

⑨禁止出现与指路、禁行、弯道相关标志、标牌相近或相仿的广告用语及图形,避免发生信息误导。

9.5.2 某高速公路沿线户外广告牌安全性评价

1)工程概况

某高速公路为双向四车道高速,设计速度120km/h,路基宽度26.0m。

高速公路主线收费站区域内新建高立柱广告设施4座。区域广告牌采用高炮双面规格,总高度28m,设计牌面尺寸6m×18m。

2)风险辨识及估计

设计和运营阶段的风险主要包括:

(1)广告牌设置位置不合理,将对高速的净空、视距等方面产生影响,造成行车的安全隐患。

(2)设计未考虑受影响道路的改扩建计划,造成今后改扩建工程受影响。

(3)广告牌自身结构的不安全,致使工程在施工或使用过程中由于结构本身质量安全问题引起坍塌及各种事故。

施工阶段造成的风险主要包括:

(1)施工方案及技术措施的安全可靠性未经过论证、审核,会造成施工过程中工程质量得不到有效控制。

(2)恶劣条件下施工可能会造成结构破坏,高空起吊设备受到影响,引起设备坍塌事故。

(3)雨天施工会对现场设备材料造成腐蚀危害,增加带电设备漏电风险,从而造成人员触电事故。

(4)对架子工、测量人员等高空作业操作人员的管理不善,相关人员未取得职业资格或其进入施工现场前未接受安全技术培训,在施工作业过程中会导致触电、高空坠落、物体打击、人员伤害。

(5)作业施工光线不足,作业人员夜间施工、疲劳施工或违反程序赶工,会影响工程质量,从而影响结构使用寿命。

(6)施工应急预案不完备,发生紧急事故时处理不当,抢救不及时,造成财产和人身安全。

根据风险辨识过程中得出的可能存在的风险事故,结合本工程实际情况,设计和运营阶段最可能出现结构设计不合理造成安全事故,施工阶段最可能出现起吊事故、坠落事故等事故。

3)风险分析

根据以上对设计和施工阶段可能存在的各种风险事故进行综合汇总分析,并采用风险接受准则对其等级进行评定,风险评价见表9-5。

风险评价要素评级 表9-5

风险阶段	风险事故	发生概率	损失后果	风险等级
设计和运营阶段	自身结构的不安全	三级	三级	三级
	设计未考虑受影响道路的改扩建计划	三级	三级	三级
	设置位置不合理	三级	三级	三级
施工阶段	施工方案及技术措施的安全可靠性未经过论证	二级	三级	三级
	焊接质量不合格	二级	三级	三级
	高空起吊设备坍塌事故	二级	三级	三级
	雨天施工触电事故	二级	三级	三级
	未取得职业资格或进入施工现场未进行安全技术培训,造成触电、高空坠落、物体打击、人员伤害	二级	三级	三级
	夜间施工、疲劳施工或违反程序赶工	二级	三级	三级
	施工应急预案不完备,发生紧急事故时处理不当	二级	二级	二级

4)风险控制措施

通过风险评价结果,对于风险等级较高的事故应采取一定的风险控制措施。

(1)设计和运营风险控制措施

①设计单位应编制完善的设计文件,并通过审查。

②设计时应验算标志本身的结构安全。

③设计应规定防腐要求和防雷接地方案。

(2)施工风险控制措施

①施工单位应编制完整的施工方案、安全防护措施和应急预案。

②施工使用机械应符合安全标准,操作人员应具有相关的职业资格证,施工操作需严格按照相应的规章制度进行。

③吊装施工时必须采取相应的安保措施,确保吊装施工安全实施。

④在进行夜间施工时,应加强施工现场的灯光以及交通标志、标牌的醒目度,灯光的布置应合理,不应对行驶车辆造成眩光等影响。

⑤施工期间应派专人对施工区域进行巡查,严禁非施工人员进入现场,现场施工人员严禁进入正常通行的车道,以免造成交通事故。

5)安全评估分析

根据设计文件、施工方案以及风险估计,进行安全性评估。

(1)广告牌结构验算

①结构概述。

T型广告牌展板面积为 $6m \times 18m$,展板顶面高程 28.0m,底面高程 22.0m。

广告牌结构主要由看板、横梁、走道、钢立柱4部分组成。其中看板主要由 $I56mm \times 5mm$、$I70mm \times 5mm$ 规格的角钢组成的空间桁架结构,钢材采用 Q345,看板外立面铺设厚度为 1mm 的镀锌铁皮。

横梁作为主要的承重结构之一,承受看板的自重恒载以及作用到看板表面的风荷载。横梁主要由 $I100mm \times 10mm$、$I80mm \times 6mm$ 规格的角钢组成的空间桁架结构。

广告牌中心钢立柱高 23.5m,截面为变截面,高程 0~8.5m 截面尺寸 $\phi 1400 \times 18$;高程 8.5~23.5m 截面尺寸 $\phi 1000 \times 14$,钢材采用 Q345。横梁与钢立柱连接成广告牌结构主要受力的 T 形钢结构。

为了使高立柱广告牌上部钢结构的再利用,钢立柱下部和基础通过预埋锚栓连接。基础采用柱下扩大基础,基底平面为 $7m \times 7m$ 的矩形截面,基础混凝土型号为 C30。

②计算说明。

采用 MIDAS Civil2010 软件对 T 形 $6m \times 18m$ 广告牌进行整体结构分析计算。模型中只建入由横梁和钢立柱组成的主要受力的 T 形钢结构,看板的自重以及作用在看板表面的风荷载通过等效荷载的形式施加到横梁结构上。

a. 整体结构。

T 形 $6m \times 18m$ 广告牌为空间桁架结构,在计算模型中通过空间梁单元模拟各个杆件,钢立柱底通过刚接模拟,如图9-15所示。

图9-15　T形6m×18m广告牌结构计算模型图

b.钢立柱与横梁的连接模拟(图9-16)。

由于钢立柱与横梁桁架通过焊接相连,通过刚性连接使钢立柱与横梁连成整体。

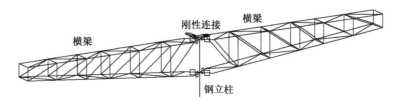

图9-16　钢立柱与横梁的连接模拟

c.未建入模型中的相关构件。

T形6m×18m广告牌结构除钢立柱和横梁这2个主要受力构件外,还有走道板、镀锌铁皮、看板等非主要受力构件。在模型中通过对模型结构施加等效力的方式模拟非主要受力构件的自重效应,如图9-17所示。

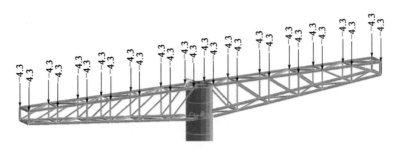

图9-17　非主要受力构件自重效应的模拟

通过对横梁顶层节点施加等效节点力 q_1 模拟非主要受力件的自重效应。$q_1 = 4.3 \text{kN}$。

d.自重荷载。

由于广告牌结构杆件之间通过焊接或者紧固件连接,模型中通过对杆件自重乘以

1.05的放大系数模拟焊缝及紧固件所引起的重量增加。

e. 风荷载。

施加在户外广告牌上高度 $z=25\mathrm{m}$ 处的单位面积风荷载标准值：

$$\omega_k = \beta_z \mu_s \mu_z \omega_0\text{❶} = 1.24(\mathrm{kN/m^2})$$

其中，ξ 为脉动增大系数；v 为脉动影响系数；φ_z 为阵型系数。

振型系数 φ_z 与结构自振周期有关，根据计算的振型数应使振型参与质量不小于总质量的90%的要求，考虑未建入模型中的非主要受力构件的质量，利用特征值向量法，计算广告牌结构的前5阶固有频率及其周期见表9-6，风载加载模式见图9-18。

结构固有频率及周期 表9-6

模态号	频率		周期
	(rad/s)	(cycle/s)	(s)
1	4.843981	0.770943	1.297
2	4.886	0.778	1.286
3	24.655	3.924	0.255
4	41.923	6.672	0.150
5	48.986	7.796	0.128

图9-18 风载加载模式

f. 地震作用。

本T形 $6\mathrm{m}\times18\mathrm{m}$ 广告牌结构可不计地震荷载，只需满足抗震构造要求。

g. 荷载组合

风荷载的组合值、频遇值和准永久值系数可分别取0.6、0.4和0。T形 $6\mathrm{m}\times18\mathrm{m}$ 广

---

❶ ω_0 为基本风压；μ_s 为风荷载体形系数；μ_z 为高度 z 处的风压高度变化系数；β_z 为高度 z 处的风振系数，$\beta_z = 1+\dfrac{\xi v \varphi_z}{\mu_z}=1.24$。

告牌的结构荷载组合如下:

a)承载能力极限组合:1.2×自重+1.4×风载。

b)正常使用极限组合:1.0×自重+1.0×风载。

c)结构强度、刚度及稳定验算。

(a)横梁、钢柱验算。

横梁强度校核:

拉压弦杆(∟70mm×6mm)刚度:

$\lambda = \dfrac{\mu l}{i} = 93 < 150$;刚度满足要求。

横梁弦杆应力图如图9-19所示,横梁主梁应力图如图9-20所示,横梁弦杆及主梁强度。

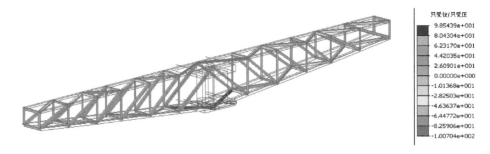

图9-19 横梁弦杆应力图

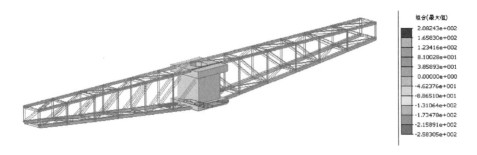

图9-20 横梁主梁应力图

横梁弦杆最大拉应力98.5MPa,最大压应力100.7MPa,横梁主梁最大拉应力208.2MPa,最大压应力258.3MPa。均小于强度设计值310MPa,横梁强度满足要求。

结构位移图如图9-21所示,位移验算:

在标准风荷载作用下结构顶最大位移23.6cm<2800/100=28cm,满足要求。横梁水平挠度4.2cm≤6cm,满足要求。

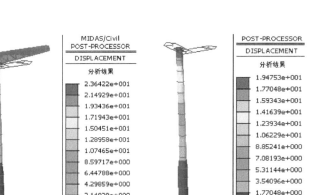

图 9-21　结构位移图

钢柱强度校核：

刚度验算：$\lambda = \dfrac{\mu l}{i} = 134 < 150$；刚度满足要求。

稳定性验算：$\sigma = \dfrac{N}{A} = 7.88\text{MPa} < \varphi[\sigma] = 165\text{MPa}$；

钢柱满足稳定性要求。

强度验算结果见图 9-22。

钢柱最大压应力 289MPa 小于强度设计值 400MPa，钢柱强度满足要求。

(b) 基础验算。

持力层地基承载力为 150kPa。

柱底荷载：竖向力 $N = 342.4\text{kN}$，水平力 $F = 132.7\text{kN}$，弯矩 $M = 3247.3\text{kN}\cdot\text{m}$。

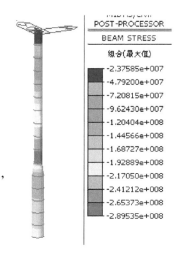

图 9-22　钢柱应力图

基底应力验算：

基础最大应力：64.4kPa≤150.0kPa，满足条件；

基础最小应力：4.2kPa≥0.0kPa，满足条件。

基础稳定验算：

抗倾覆稳定系数：2.606>1.3，满足；抗滑动稳定系数：3.542>1.2，满足条件。

d) 疲劳验算。

为了验算广告牌结构在风致振动的疲劳损伤问题，首先根据 Kaimal 脉动风谱模拟出脉动风速时程，通过建模计算出在脉动风荷载作用下结构最大受力杆件的应力变化时程数据，然后用雨流法进行应力幅频次统计，得出广告牌的设计应力谱以及等效应力幅，最后按现行《钢结构设计标准》(GB 50017)进行杆件疲劳验算。

(a)脉动风速模拟。

假设结构的脉动风谱符合 Kaimal 谱变化规律,即:

$$S_v(n) = 200u^2 \frac{x}{n(1+50x)^{5/3}}$$

$$x = \frac{nz}{\bar{v}_z}$$

在进行脉动风模拟时,取不利情况,首先根据结构的设计风压(0.5kN/m^2),由现行《建筑结构荷载规范》(GB 50009)查得相应的设计平均风速为 28.6m/s。然后通过风速模拟程序可得作用在结构上的脉动风速时程曲线,如图 9-23 所示。

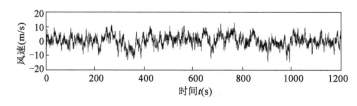

图 9-23 脉动风速时程曲线

由上面的脉动风速时程可以得到作用在结构上的脉动风压为:

$$w(x,z,t) = \frac{\gamma}{g} u_s \bar{v}(z) v(x,z,t)$$

(b)结构设计等效应力幅计算。

因为广告牌在风荷载作用下的疲劳问题为变幅疲劳,所以应先预测其在使用寿命期间风荷载的频率分布、应力幅水平以及频次分布总和所构成的设计应力幅,将其折算成等效常幅疲劳问题进行结构疲劳验算。

选取广告牌在静力风荷载作用下的最大拉应力点作为疲劳验算的关键点,通过 Midas 动力时程分析程序可以得出该点在脉动风压作用下结构的疲劳应力时程,然后按雨流法进行应力幅频次统计,得出广告牌的设计应力谱。

设计应力谱包括应力幅水平 $\Delta\sigma_1$、$\Delta\sigma_2\cdots\Delta\sigma_i\cdots$ 及对应的循环次数 n_1、$n_2\cdots n_i\cdots$(统计分析时,$i=10$),然后按目前国际上通用的 Miner 线性累计损伤原理进行计算可得变幅疲劳的等效应力幅计算公式:

$$\Delta\sigma_e = \left[\frac{\sum n_i (\Delta\sigma_i)^\beta}{\sum n_i}\right]^{1/\beta}$$

$$\Delta\sigma_e \leq [\Delta\sigma]$$

$$[\Delta\sigma] = \left(\frac{C}{n}\right)^{1/\beta}$$

(c)结构疲劳验算。

通过前面的结构静力计算可确定广告牌横梁及钢立柱最大应力点位置,以该点位置作为疲劳验算的控制点,验算其是否满足规范要求。横梁最不利构件应力时程曲线、钢立柱最不利位置应力时程曲线和构件疲劳验算分别如图9-24、图9-25和表9-7所示。

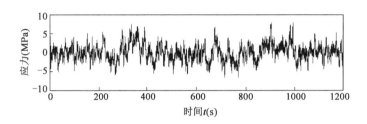

图9-24 横梁最不利构件应力时程曲线

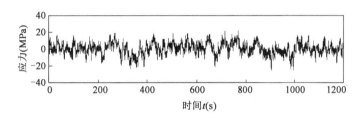

图9-25 钢立柱最不利位置应力时程曲线

构件疲劳验算   表9-7

项目	等效应力幅(MPa)	容许应力幅(MPa)
横梁最不利构件	14	45
钢立柱最不利位置	36	135

由上述分析可得,横梁及立柱的疲劳验算满足规范要求。

(2)广告牌尺寸及位置

①广告牌外廓尺寸。

广告牌外廓尺寸如表9-8所示。

广告牌外廓尺寸   表9-8

名称	设计牌面尺寸	支撑型式	形状
高炮双面	6m×18m	单柱悬臂式、立柱式	长方形

通过对广告牌的结构验算,其结果满足强度、刚度和稳定要求,采用上述形状、尺寸的广告牌是合理的。

②广告牌距路面垂直净高。

广告牌立柱高度如表9-9所示。广告牌距路面垂直净高满足要求。

广告牌立柱高度　　　　　　　表9-9

名称	设计牌面尺寸	立柱高(广告牌下边缘距路面距离)
高炮双面	6m×18m	9.8m左右

③广告牌滴水线距路基外侧边缘的距离。

通过核查,广告牌滴水线距路基外侧边缘的距离均为4m,广告牌均设置在路基边沟以外,不会对高速公路路基产生直接影响,满足要求。

④广告牌距收费站等设施中心线距离。

通过核查,广告牌设置点距收费站中心线距离为50m,位于主线收费站区域内,满足要求。

(3)施工保障措施

①广告牌的施工方案内容具体完善,符合施工要求。在施工过程中应严格按照审批的施工方案进行施工。

②施工过程中设立了相应的交通安全警示标志,作业区内禁止车辆通行,防止安全事故发生,满足要求。

③在施工过程中应高度重视基础位置处的实际地质情况,若发现地基情况与勘查报告不符,开挖完毕后应组织设计、勘查单位验槽。

④浇筑混凝土时,应注意准确设置地脚螺栓和钢柱法兰盘。

⑤焊接人员必须经考试合格并取得合格证书,并须在其考试合格项目及其认可范围内施焊。

⑥照明光源应选用体积小、重量轻、造型优美、防腐蚀和耐候性好的灯具。灯具应采取防雨、防尘措施。

⑦应注意灯具照明方向,不应造成行车炫目。

(4)施工应急预案

建议补充完善应急机制,确保施工突发情况的妥善处理。

(5)运营期安保措施

①避雷接地系统。

a.广告牌为孤立、高耸的建筑,属于第三类防雷建筑物,需做好防雷接地的设计。

b.独立式户外广告设施应可靠接地,除安装在受保护的避雷带、避雷网内的设施外,其他钢结构柱体、框架和金属面板均应作防雷设计。

c.防雷设计中应具有防止直接雷、感应雷和防雷电波侵入的措施。

②广告牌防腐。

a.钢结构除锈和涂层按现行《钢结构工程施工质量验收标准》(GB 50205)执行,设计除锈质量等级 Sa2.5 的规定,满足要求。

b.钢结构基层防锈采用无机富锌底漆二度,干膜≥80μm;中间为环氧云铁漆二度,干膜厚度>40μm,面漆二度。满足所有钢构件出厂前均需涂防锈底漆两度的要求。

c.钢结构安装完毕后,应对焊接部位、紧固件以及防锈受损的部位进行补漆。

d.外露的钢构件,应结合建筑装饰要求做好防锈处理。

e.高强螺栓结合面上不得油漆。

f.户外广告设施钢结构防腐保养必须每年进行一次,应对构件锈蚀、油漆脱落、龟裂、风化等部位的基底进行清理、除锈、修复和重新涂装。当钢结构涂层表面光泽失去达80%,表面粗糙、风化龟裂达25%和漆膜起壳时,应及时修补。

③高耸式结构广告牌表面发生破损时,申请人应及时进行修复。

④当钢结构涂层表面光泽失去达80%、表面粗糙、风化龟裂达25%和漆膜起壳时,应及时维护。

⑤构件连接点(焊缝、螺栓、锚栓)应每年检查一次,发现焊缝有裂痕、节点松动时,应及时修补及紧固。

⑥对灯光、供电、电气控制设备应每月维护一次,确保用电安全。

⑦在以下特殊气候季节前后应对高耸式结构广告牌进行特别维护与保养:

a.大风季节,应对钢结构进行突击检修和维护保养,重点是结构强度、刚度和结构节点、连接焊缝、螺栓、地脚螺栓(锚栓)。

b.大风季节,应对钢结构与标志板连接的牢固程度进行检修保养和加固处理,尤其是标志板的螺钉(包括铆钉),材料的风化、锈蚀程度。薄膜结构的广告画面,应对其牢固度、风化、老化程度进行检修和加固,钢绳的绑扎应牢固可靠。

c.雨季,应检查避雷设施和电气安全保险设置,保证安全。

⑧高耸式结构广告牌宜定期进行结构安全、用电安全方面检测。

⑨禁止出现与指路、禁行、弯道相关标志、标牌相近或相仿的广告用语及图形,避免发生信息误导。

⑩户外广告牌在设置期间必须在其正面右下角注明广告公司名称、联系电话,准予设置审批编号,标志立柱刷灰白色漆。

参考文献

[1] 隋鹏程,陈宝智,隋旭.安全原理[M].北京:化学工业出版社,2005:21-27,1-24,360-366.

[2] 李伟,沈国华,彭道月.涉路工程安全评价技术指南与案例分析[M].北京:人民交通出版社,2009:1-10,21-27.

[3] 姜明.论重要涉路行为行政许可技术安全评价的实施办法[J].公路交通科技(应用技术版),2008,41(5):25-27.

[4] 袁毓敏.涉路工程安全评价技术探讨[J].公路交通科技(应用技术版),2008,41(5):28-31.

[5] 姜明,岳小花.涉路行为行政许可安全评价制度初探[J].公路交通科技(应用技术版),2008,41(5):22-24.

[6] 日本川崎市道路占用许可基准[S].1991.

[7] 徐欣,彭道月,李伟.跨越式涉路工程安全评价技术研究[J].公路交通科技,2008.41(5):32-35.

[8] 李伟.涉路工程安全评价问题研究[J].公路交通科技,2007,24(S1):44-48.

[9] 中华人民共和国交通运输部.公路工程技术标准:JTG B01—2014[S].北京:人民交通出版社股份有限公司,2014.

[10] 中华人民共和国交通运输部.公路护栏安全性能评价标准:JTG B05-01—2013[S].北京:人民交通出版社,2013.

[11] 中华人民共和国住房和城乡建设部.输气管道工程设计规范:GB 50251—2015[S].北京:中国计划出版社,2015.

[12] 中华人民共和国住房和城乡建设部.输油管道工程设计规范:GB 50253—2014[S].北京:中国计划出版社,2014.

[13] 美国公路和运输官员协会(AASHTO).路侧设计指南(Roadside Safety Design Guidelines 2002).

[14] 美国联邦公路局(FHWA).公路/公用设施指南(Highway Utility Guide).

[15] 安徽省质量技术监督局.涉路工程安全评价规范:DB34/T 2395—2015[S].

[16] 中华人民共和国交通运输部.高速公路交通工程及沿线设施设计通用规范:JTG D80—2006[S].北京:人民交通出版社,2006.

[17] 中华人民共和国交通运输部.公路钢筋混凝土及预应力混凝土桥涵设计规范:JTG 3362—2018[S].北京:人民交通出版社股份有限公司,2018.

[18] 中华人民共和国交通运输部.公路桥涵施工技术规范:JTG/T 3650—2020[S].北京:人民交通出版社股份有限公司,2020.

[19] 中华人民共和国交通运输部.公路桥涵地基与基础设计规范:JTG 3363—2019[S].北京:人民交通出版社股份有限公司,2019.

[20] 中华人民共和国交通运输部.公路路线设计规范:JTG D20—2017[S].北京:人民交通出版社股份有限公司,2017.

[21] 中华人民共和国交通运输部.公路路基设计规范:JTG D30—2015[S].北京:人民交通出版社股份有限公司,2015.

[22] 中国工程建设标准化协会.给水排水工程顶管技术规程:CECS 246—2008[S].北京:中国计划出版社,2008.

[23] 中华人民共和国建设部.给水排水工程管道结构设计规范:GB 50332—2002[S].北京:中国计划出版社,2002.

[24] 中华人民共和国住房和城乡建设部.城市工程管线综合规划规范:GB 50289—2016[S].北京:中国建筑工业出版社,2016.

[25] 中华人民共和国住房和城乡建设部.汽车加油加气加氢站技术标准:GB 50156—2021[S].北京:中国计划出版社,2021.

[26] 中华人民共和国住房和城乡建设部.建筑设计防火规范:GB 50016—2014(2018年版)[S].北京:中国计划出版社,2018.

[27] 交通运输部工程质量监督局.公路桥梁和隧道工程施工安全风险评估制度及指南解析[M].北京:人民交通出版社,2011.

[28] 中国就业培训技术指导中心,中国安全生产协会.安全评价师(国家职业资格三级)[M].2版.北京:中国劳动社会保障出版社,2010.

[29] 吴宗之,高进东.重大危险源辨识与控制[M].北京:冶金工业出版社,2001.

[30] 沈其明,刘燕.公路工程施工安全管理手册[M].北京:人民交通出版社,2008.